Typisch deutsch?

Arbeitsbuch zu Aspekten deutscher Mentalität

Heinke Behal-Thomsen
Angelika Lundquist-Mog
Paul Mog

Langenscheidt

Berlin · München · Wien · Zürich · New York

Die Arbeit des „Tübinger Modells einer integrativen Deutschlandkunde" und diese Publikation wurden von der Robert Bosch Stiftung gefördert.

Illustration: Markus Olivieri
Layout: Markus Olivieri und Gerd Heimburger
DTP: Susanne Halter, Gerd Heimburger, Ferdinand Kiefer und Gabi Rueb

Redaktion: Barbara Stenzel

Dieses Werk folgt der reformierten Rechtschreibung. Ausnahmen bilden Texte und Realien, bei denen historische, künstlerische, philologische oder lizenzrechtliche Gründe einer Änderung entgegenstehen. Die Rechtschreibreform will es dem Benutzer leichter machen. Sie erlaubt daher nicht nur unterschiedliche Varianten (z. B. *mithilfe* oder *mit Hilfe*, *selbständig* oder *selbstständig*), sie erlaubt bis 2005 auch die bisher gültige Rechtschreibung. In den nächsten Jahren werden also verschiedene Schreibweisen nebeneinander bestehen. Wegen der geringen Änderungen wirkt sich die Neuregelung nur unwesentlich auf das gewohnte Schriftbild aus.

© 1993 Langenscheidt KG, Berlin und München

Repros: Reprodienst Wagner, Steinen
Druck: Druckerei H. Heenemann, Berlin
Printed in Germany

ISBN-13: 978-3-468-49446-8
ISBN-10: 3-468-49446-7

10. 11. 12. 13. 14. · 10 09 08 07 06

Inhalt

Inhalt

Preface for Students

Learning a language is much more than studying grammar and vocabulary, learning how to ask for directions, how to read a train schedule or reading and interpreting literature; it is also learning about what makes people "tick" - and not just those that speak the language you study.

What makes people "tick" is influenced by many variables: their sex, their socio-economic history and present circumstance, their cultural background, and, of course, many individual factors. This is not the place to discuss which of these is the most important and influential variable. All the above factors are interacting at all times. In the context of the language classroom, however, *cultural background* is the one to examine most closely.

Anybody who has travelled abroad or been in close contact with people from another culture (in person or even in literature) has had encounters of the cross-cultural kind.

Do you remember wondering about that German exchange student always closing the door to her/his room which you thought was quite rude, while she/he was just doing what's considered normal and polite at home? And your surprise when you came to Germany, and people seemed much more in touch with their regional rather than their national origin? And how all that made you think about yourself?

Such is the journey this book would like to take you on. It presupposes a solid basic command of the language and your participation. Without you - and your class' - input it won't work; it is not a "listen, this is how it is" kind of book. There are seldom "right" and "wrong" answers. Exploring the many issues raised, you will not only improve your cultural understanding, but also your linguistic abilities; in short, your communication skills.

Typisch deutsch? offers a wide range of authentic materials - newspaper articles, interviews, cartoons, poems, encyclopedia definitions, photographs, ads, statistics, letters, excerpts from longer literary texts etc. - discussing a variety of topics: besides German-American communication and stereotyping, the concepts of *private vs. public* (think of the closed doors issue), and of *space* (remember German regionalism) are explored. You'll think about friendship, city planning, the environment - to name just a few of the very real topics you will find under those seemingly dry headings.

This book asks many questions. Looking for answers, you're bound to learn not only about Germans, but also about yourself. Maybe that is even more important.

Dieses Arbeitsbuch steht in engem Zusammenhang mit dem Band **Die Deutschen in ihrer Welt –** *Tübinger Modell einer integrativen Landeskunde*, der in der Reihe *Fremdsprachenunterricht in Theorie und Praxis* des Langenscheidt Verlags erschienen ist. Beide Bücher versammeln die Ergebnisse eines von der Robert Bosch Stiftung geförderten Deutschlandkunde-Projekts, das an der Universität Tübingen angesiedelt war. Ziel des Projekts war zum einen eine neuartige Darstellung Deutschlands und zum anderen ein darauf aufbauendes Unterrichtsbuch, das Sprach- und Landeskundeunterricht integriert. Beide Werke wollen ein besseres Verstehen der deutschen Sprache, Gesellschaft und Kultur ermöglichen und richten sich an ausländische Lehrende und Lernende im In- und Ausland.

Die Deutschen in ihrer Welt konzentriert sich neben engen fachbezogenen Darstellungen zur deutschen Geschichte, zum Begriff der Bildung, zur politischen Kultur und Außenpolitik auf so grundlegende Strukturen wie Raum- und Zeiterfahrung oder das Verhältnis von Privat und Öffentlich. Dank der Unterstützung durch einen interdisziplinären Gesprächskreis, in dem Historiker, Politologen, Soziologen, Germanisten und Kulturwissenschaftler zusammenarbeiteten, konnten soziokulturelle Grundmuster von unterschiedlichen Erklärungsansätzen her entfaltet werden. Das Werk bietet als „Lehrerbuch" zu dem vorliegenden Arbeitsbuch das umfassendere Grundlagen- und Hintergrundwissen.

Die Aufgabe des *Tübinger Modells einer integrativen Landeskunde* bestand jedoch nicht nur darin, das theoretische Modell einer interdisziplinären Deutschlandkunde vorzulegen, es galt auch, Möglichkeiten seiner Anwendung in der Unterrichtspraxis zu entwickeln. „Integrative Landeskunde" bedeutet hier nicht nur „interdisziplinäre Landeskunde", sondern eine Verbindung von Sprach- und Landeskundeunterricht, die sprachliches und kulturelles Lernen als Einheit und Wechselbeziehung fasst.

Damit ist ein erstes wesentliches Kennzeichen von **Typisch deutsch?** benannt, das die exemplarische Didaktisierung von drei der insgesamt zehn Kapitel des ersten Buchs präsentiert. Die entscheidende Besonderheit dieser Landeskunde ist die Konzentration auf Grundmuster deutscher Mentalität. Dahinter steht die Frage nach kollektiven Schlüsselerfahrungen der Deutschen, die historisch in der Regel schon weit zurückliegen, aber immer noch als weitgehend unbewusst gewordene Orientierungsmuster und Dispositionen das Fühlen, Denken und Verhalten prägen. Zentrale Beispiele dafür sind etwa die Folgen der jahrhundertelangen deutschen Kleinstaaterei (Kapitel *Raum*) oder die deutsche Staatstradition im Zusammenhang mit „typisch" deutschen Tugenden wie Fleiß, Disziplin, Ordnung und Pflichtgefühl (Kapitel *Privat - Öffentlich*). Auf diese Weise soll der in Sprachlehrbüchern weitgehend vernachlässigten geschichtlichen Dimension der Landeskunde wieder Geltung verschafft und exemplarisch in der Gegenwart die Vergangenheit aufgezeigt werden.

Wie insbesondere das erste Kapitel *Deutsch-amerikanische Beziehungen und Wahrnehmungsmuster* erkennen lässt, wird auch in **Typisch deutsch?** die kulturkontrastive Orientierung durch eine besondere Fokussierung auf den Vergleich Deutschland - USA gewonnen. Diese kontrastive Ausrichtung ist durchaus auf andere Länder übertragbar.

Typisch deutsch? gehört somit zu den interkulturell konzipierten Unterrichtswerken, die versuchen, die deutsche Sprache und Kultur aus der Fremdperspektive darzubieten und einen Lernprozess in Gang zu setzen, bei dem die Fremderfahrung idealiter zugleich auch die Selbsterfahrung schärft und die Fixierung auf die eigene Kultur relativiert. Das Werk baut auf den im Bereich Deutsch als Fremdsprache entwickelten theoretischen Ansätzen zur interkulturellen Kommunikation auf und führt die Reihe der in diesem Sinne konzipierten Lehrwerke fort.

Didaktisch bedeutet dies eine Lernerorientierung, die von der rein kognitiven Wissensvermittlung abrückt und verstärkt die subjektiven und emotionalen Komponenten des kulturellen Fremdverstehens einbezieht. Das Arbeitsbuch zielt auf die Eigenaktivität der Lerner, ihre Gefühle, ihre Assoziationen und die Bilder ihrer Vorstellungswelt. Es vertraut auf ihre Neugier, Phantasie und Spielfreude, jenseits der Fixierung auf das Richtige oder der Angst vor dem Falschen. So kommt es zum Beispiel beim Zeichnen und Erläutern einer persönlichen Deutschlandkarte („Mental Map", S. 96) nicht auf die Richtigkeit, sondern auf die persönliche Wichtigkeit der eingetragenen Orte und Regionen an. Von besonderer Bedeutung sind auch die häufigen Einladungen zum Rollenspiel bis hin zu der Aufgabe, einen deutschen Lebenslauf zu entwerfen und sich in ihm „einzuleben" (S. 41–43). Dahinter steht die Idee des Niederländers Peter Groenewold, durch die spielerische Übernahme einer fremden Identität die Fähigkeit einzuüben, sich in eine fremde Kultur und ihre Angehörigen hineinzuversetzen. Auf stärker kognitive Weise verfolgen andere Verfahren das gleiche Ziel: die Übungen zur konfrontativen Semantik, die jedes Kapitel einleiten, oder die historischen Rückblicke, die einsehbarer machen können, warum und in welchem Lebenszusammenhang sich für Ausländer befremdliche Formen des Fühlens, Denkens und Verhaltens entwickelt haben.

In **Typisch deutsch?** ist – mit Ausnahme des ersten Kapitels, das weitgehend am Stück behandelt werden sollte – keine Progression des sprachlichen und kulturellen Lernens angelegt. Es bleibt somit den Lehrenden überlassen, welche Themen und Themenaspekte sie für den Unterricht auswählen.

Das Arbeitsbuch integriert und arrangiert eine große Vielfalt von authentischen Texten, um den interkulturellen Lernprozess zu stimulieren: Zeitungsartikel aller Art, Werbeanzeigen, amtliche Dokumente, Zitate und Definitionen, Benimmregeln, Sinnsprüche und nicht zuletzt literarische Texte, die wegen ihrer Bedeutungsdichte und emotionalen Wirkung immer wieder ins Zentrum rücken. Daneben wurde auch der Visualisierung der Themen in Form von Fotos, Cartoons, Bildergeschichten etc. besonders hohe Bedeutung zugemessen. Diese Reichhaltigkeit der Dokumentation erleichtert den Einsatz des Arbeitsbuchs im Ausland, wo einschlägiges Anschauungsmaterial oft nur unzureichend zur Verfügung steht.

Verfahren wie die Übungen zur vergleichenden Semantik, Textarbeit, Angebote zu Rollenspiel, Diskussion und Textproduktion sollen die Erschließung der Themen, Texte und Bilder sichern und die sprachlichen Formen der argumentativen und kreativen Auseinandersetzung mit ihnen üben. Für Übungen mit eindeutigen Lösungen gibt es einen Lösungsschlüssel im Anhang des Buchs.

Typisch deutsch? erfordert generell ein fortgeschrittenes Sprachniveau, etwa die bestandene „Zentrale Mittelstufenprüfung" (ZMP) oder die „Prüfung zum Nachweis deutscher Sprachkenntnisse für ausländische Studienbewerber" (PNdS).

Die Binnendifferenzierung des Materials erlaubt eine Auswahl von schwierigen bis hin zu leichter zu bewältigenden Unterrichtseinheiten.

Im Rahmen des *Tübinger Modells einer integrativen Deutschlandkunde* fanden zur Erprobung des Konzepts in verschiedenen Stadien des Projekts zwei vierwöchige Kurse statt: 1987 ein Kurs mit amerikanischen High-School-Lehrerinnen und -Lehrern, 1989 ein German-Studies-Seminar für amerikanische Hochschuldozentinnen und -dozenten sowie Postgraduierte aus verschiedenen Fachrichtungen. Nicht minder wichtig im Prozess der Revision und Verbesserung der Entwürfe waren unsere Unterrichtserfahrungen in zahlreichen multinationalen Landeskundekursen an den Universitäten Stuttgart und Tübingen.

Wir danken allen, die in den verschiedenen Etappen des Projekts an der Entwicklung des Arbeitsbuchs beteiligt waren und uns geholfen haben: der Robert Bosch Stiftung, die das gesamte Projekt ermöglicht hat; dem Langenscheidt Verlag für seine hilfreiche Kooperation – insbesondere Barbara Stenzel für ihre engagierte redaktionelle Betreuung des Werks.

Heinke Behal-Thomsen   Angelika Lundquist-Mog   Paul Mog

Symbole

 = Lesen

 = Sprechen; Diskutieren

 = Schreiben

 = Kreatives Schreiben; Fantasie spielen lassen

 = Zeichnen; Malen

 = Nachdenken; Überlegen

 = Rollenspiel; Theaterspiel

 = Projektarbeit

 = Arbeit mit dem Wörterbuch

 = Fußnoten; Worterklärungen

 = Text geht auf der nächsten Seite weiter

 = Kreative Pause

Deutsch-amerikanische Beziehungen und Wahrnehmungsmuster

Was wird auf den Bildern thematisiert?

A slice of American life
has a German filling
**German-American Day
October 6**

GEZÄHLT sind die Tage der New Yorker Freiheits-
statue, die ein unbekannter Künstler auf die Mauer
gemalt hat. In den nächsten Wochen soll auch dieser
Teil abgerissen werden. *(11. 3. 1990)*

Sprache: „Mein Deutsch"

1. So buchstabiere ich

D
E
U
T
S
C
H

....
....
....
....
....
....
....

2. Deutsche Wörter/Wendungen,

a) die ich mag:

b) die ich nicht mag:

3. Denken Sie sich einen Spruch aus, der Ihre Einstellung zur deutschen Sprache auf den Punkt bringt.
Gestalten Sie diesen Spruch auch grafisch, wenn Sie dafür eine Ader haben.

Fragebogenaktion zur deutschen Sprache

1. Machen Sie in der Gruppe eine Umfrage zur Bedeutung der deutschen Sprache für die einzelnen Kursteilnehmer/innen und zu den individuellen Sprachbiographien.

FRAGEBOGEN

a) Wann und wo bist du zum ersten Mal mit der deutschen Sprache in Berührung gekommen?

....

....

b) Wann und wo hast du Deutsch gelernt? Wie lange? Abschlüsse, Prüfungen?

....

....

c) Ist Deutsch für dich die (1./2./...) Fremdsprache?

....

....

d) Warum lernst du Deutsch?

....

....

e) Wann, wozu und mit wem benutzt du die deutsche Sprache? (Familie / Studium /...)

....

....

2. Werten Sie die Umfrageergebnisse aus und stellen Sie sie im Plenum vor, zum Beispiel in Form einer Statistik oder eines Schaubilds.

Erfahrungen mit der deutschen Sprache in Deutschland

Die Amerikanerin Julie Redner, geboren 1959, die sich in den Jahren 1979-1982 für längere Zeit in der Bundesrepublik Deutschland aufhielt, hat ihre Erfahrungen mit der deutschen Sprache in einem Gedicht festgehalten, das 1983 in die Sammlung *In zwei Sprachen leben. Berichte, Erzählungen, Gedichte von Ausländern* aufgenommen wurde.

Zuerst bist du ein Außenseiter
der Ungebetene
und darfst nur durch das Fenster schauen
Nase ans Glas gepreßt
allein in der Kälte.

Dann stehst du vor der Tür
und klopfst
schüchtern, dann kräftiger,
aber niemand kommt.
Nein,
es ist keine Frage von
Klopfen, Klingeln oder
einem Losungswort, das du dir merken mußt:
   die Sprache ist die Farbe
    womit du selbst
    eine Eintrittskarte malst.

Wähl dir ein Wort.
Dann noch eins. So viel wie du willst:
   der Duden ist dein Malkasten.

   Du überwindest die Sprachbarriere
   nur
   wenn du den Mut zum Versuchen hast.

1. **Finden Sie eine passende Überschrift für das Gedicht.**

2. **Welches sind die zentralen Bilder des Gedichts? Was für Erfahrungen und Überzeugungen der Autorin drücken sie aus?**

Losungswort
– *ein geheimes Wort, das man sagen muss, um irgendwo eingelassen bzw. durchgelassen zu werden*

Duden
– *Name eines wichtigen deutschen Wörterbuchs*

3. **Trauen Sie sich zu, das Gedicht zu illustrieren?**

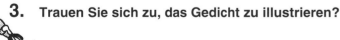

4. **Sprechen Sie in der Gruppe über Ihre eigenen Erfahrungen, die Sie mit der deutschen Sprache in Deutschland gemacht haben.**

5. **Vielleicht versuchen Sie zum Schluss, auch ein Gedicht (oder eine Szene, einen Bericht etc.) zu diesem Thema zu schreiben.**
Nur Mut!

Amerikanisches Englisch im Deutschen

1. Sammeln Sie Beispiele und dokumentieren Sie sie, etwa in Form einer Collage.

Die Amerikanisierung der deutschen Sprache

2. Woher stammen die Beispiele, die Sie gefunden haben (Werbung/TV/Musik/Fachliteratur/...)?

3. Ordnen Sie die gesammelten Wörter und Ausdrücke Oberbegriffen oder Wortfeldern zu.

Kleidung	Essen/Trinken	...	...	...
Jeans	Coke Hamburger			

4. Wer benutzt welche amerikanischen Ausdrücke? Wann? Wo? Wozu? Warum?

Wer?	Welche Ausdrücke?	Wann? Wo?	Wozu? Warum?
Student(inn)en		in der Mensa = unter sich	
Politiker/innen			um Eindruck zu machen
Kinder			
Wissenschaftler/innen			
...			

Reaktionen auf die Amerikanisierung der deutschen Sprache

1. Wie interpretieren Sie den Titel dieses Wörterbuchs? Wogegen richten sich wohl die Kritik und Polemik des Herausgebers?

2. Wie finden andere Deutsche die zunehmende Amerikanisierung der deutschen Sprache? Sammeln Sie Meinungen zu diesem Thema, z. B. aus der Presse, aus linguistischer Fachliteratur etc. oder aus persönlichen Gesprächen mit Deutschen.

Neu-Deutsch

Auf den wings der fantasy

Auch wenn viele Deutsche nichts verstehen: Die Amerikanisierung der Sprache nimmt „rasend" zu.

Broder Carstensen von der Uni Paderborn, Sprachwissenschaftler seit mehr als 30 Jahren, braucht beim Einkaufen neuerdings Übersetzerdienste: Was ein „dress-shirt", „city-shirt" oder „leisure-shirt" ist, weiß ein trendbewußter Jungverkäufer weit besser als der altgediente Amerikanist.

Zwei Generationen jünger, aber hilflos wie der Professor vor dem Hemd steht im Hamburger Amerikano-Eissalon die Kundschaft vor den Köstlichkeiten. Bestellt wird mit dem Zeigefinger: Vor „brandied black cherry" und „swiss almond choc" kapituliert selbst der Kenner und kann nicht mehr aussprechen, was er schleckt. [...]

 Besondere Missetäter haben die Sprachforscher auch schon ausgemacht: „Bescheuert" findet Professor Carstensen vor allem „das, was die Werbung mit der Sprache treibt".

Von „Verbalimperialismus" Amerikas spricht, nicht minder aufgebracht, sein Kollege Alois Brandstetter aus dem österreichischen Klagenfurt.

Auch außerhalb der Universitäten fällt die Neusprach auf. Harschen Beschwerden sah sich kürzlich beispielsweise ein Münchner Kaufhaus ausgesetzt, das in einer Zeitungsanzeige für Jeans aus Amerika geworben hatte: Auf 10 Zeilen hatten die Texter 25 mal Anglo-Deutsch untergebracht, darunter Kauderwelsch wie „Trend-colors", „Jeans-Dressing" und „Fashion-Varianten".

Gegen den „Fremdwortfimmel" ihres Arbeitgebers ging auch die Gewerkschaft der Bundesbahner an – mit Erfolg: Das „Cash-Management" wurde wieder in „Generalkasse" umbenannt, der „After-Sales-Service" in „Fahrgeld-Erstattungsdienst".

Und in Mainz-Bischofsheim traten streitbare Konsumentinnen an zum Kampf gegen das Englisch im Supermarkt: Sie rufen auf zum Boykott gegen die Waren, „bei denen wir nicht verstehen, was draufsteht".

Die Proteste haben wenig mit Sprachpurismus und Deutschtümelei zu tun. Vielmehr fühlen sich vor allem ältere Menschen als Fremde im eigenen Land. [...]

(1990)

Missetäter
- *Person, die eine böse Tat begangen hat*

harsch
- *rauh; unfreundlich*

Kauderwelsch
- *unverständliche, fehlerhafte Sprache*

Fimmel
- *Vorliebe; Besessenheit*

Deutschtümelei
- *übertriebener, altmodischer Nationalismus*

Da verschlägt's einem die eigene Sprache

Von Sybil Gräfin Schönfeld

Wer Magazine und Hochglänzendes liest, kommt allmählich ohne Deutschkenntnisse aus. *„One Look Tells You it's Daks"* steht da ohne weiteres auf den ganzseitigen Anzeigen oder schlicht *„The Art of Fine Clothing"* oder *„I want I can"*, was mir verblüffenderweise Sportschuhe empfehlen soll, vielleicht bei *„A Search For The Sun"*. [...]

Verlassen wir die Illustrierten und warten zum Beispiel auf die U-Bahn. Lesen müßig, was auf den Wänden steht, wo das nächste Brahmskonzert stattfindet und „Ausländer raus" und, an der Kachelwand, *„Coca-Cola – the Feeling"*. Ich denke amüsiert: Also wirklich – die machen's sich einfach, ein einziges Plakat und international zu verwenden, und drehe mich um. An der gegenüberliegenden Wand, auf ebenso großem Plakat, kann ich lesen: *„Call For Chesterfield. They Satisfy"*. Aus dem Amüsement wird Ärger. Wo sind wir denn? In einer US-Kolonie? [...]

(2. 6. 1989)

3. Sortieren Sie die gesammelten Argumente von Deutschen für und gegen die Amerikanisierung der deutschen Sprache.

Dafür	Dagegen
international Prestige	*unverständlich Verbalimperialismus*

4. Führen Sie mit diesen Argumenten als Rollenspiel ein Streitgespräch unter Deutschen zum Thema „Amideutsch".

5. Wie reagieren Sie als Amerikaner/in auf die Amerikanisierung der deutschen Sprache?

6. Haben Sie Lust zu einem kurzen und vielleicht satirischen Text auf „Amideutsch"?

Sprache: Deutsch in den USA

Neue Germanismen in Time Magazine *1989* :

– Deutsches Doppel (Tennis)
– Staatssicherheitsdienst, Stasi
– Tor Auf
– Wendehals
– Grenzpolizisten
– Freiheit
– Freizeit
– Schrebergärten
– Genscherism, Genscherist
– diplomatic blitzkrieg

1. **Sammeln Sie weitere Beispiele und analysieren Sie sie: Wer benutzt welche Ausdrücke?**

Wo?

....

....

Wann?

....

....

Wozu?

....

....

Aus welchen Sachbereichen, Bevölkerungsgruppen, historischen Epochen etc. stammen die Beispiele?

....

....

2. Der folgende Zeitungsartikel spricht von einem neuen Interesse an der deutschen Sprache in den USA. Welche Gründe führt er für diesen Trend an? Fallen Ihnen selbst weitere mögliche Gründe ein?

Neues Interesse an der „schrecklichen Sprache"

In den USA wird Deutschlernen immer beliebter

Von unserem Mitarbeiter Gerd-Eckard Zehm

NEW YORK. Mark Twain, der große Spötter, regte einmal an, das Idiom der Deutschen in die Sparte der toten Sprachen einzureihen, „denn nur die Toten haben die Zeit, sie zu lernen". Seit diesem Urteil sind mehr als hundert Jahre vergangen, ohne daß sich der Horror der Amerikaner vor den Fallstricken der deutschen Grammatik sonderlich verringert hätte.

Bislang mußten sie sich auch nicht unbedingt mit den Tücken irregulärer Verben und der verwirrenden Dreizahl der Geschlechter abgeben. Das Deutsche war immerhin die Sprache eines Feindes in zwei Weltkriegen und wurde 1917, beim Eintritt der USA in den ersten dieser Kriege, sogar als Unterrichtsfach verboten.

Mit der deutschen Einigung jedoch, mit der jetzt auch die zweite Nachkriegszeit spektakulär zu Ende geht und die nach verbreiteter amerikanischer Auffassung in Mitteleuropa eine neue Großmacht entstehen läßt, erwacht auch in den Staaten wieder das Interesse an der „schrecklichen deutschen Sprache" (Twain), und sei es auch nur notgedrungen. [...]

Das neuerwachte Interesse an der deutschen Sprache hat sich natürlich auch die Werbung in den US-Medien nicht entgehen lassen. So verspricht der Volkswagenkonzern: Fahrvergnügen. [...]

(16.7.1990)

Fallstrick
– normalerweise: *Hinterhalt; Falle;* hier: *Schwierigkeiten; Stolpersteine*
Tücke
– *Bösartigkeit;* hier: *besondere Unberechenbarkeit*
notgedrungen
– *weil es nicht anders geht*

3. Wie beurteilen Sie die zukünftige Bedeutung der deutschen Sprache für die Amerikaner/-innen generell und für Sie persönlich?

Deutsch-amerikanische Kommunikation

Deutsch-amerikanische Kommunikation: Mögliche Missverständnisse und wie man sie vielleicht vermeiden oder ausräumen kann

Sicher haben Sie auch schon solche Erfahrungen gemacht: Sie beherrschen die deutsche Sprache eigentlich recht gut oder sogar sehr gut, d.h., Sie verfügen über viele Wörter und Wendungen, Sie kennen die wichtigsten grammatischen Regeln und können sie anwenden, Ihre Aussprache ist deutlich und verständlich, und doch haben Sie nach einem Gespräch mit einer/einem Deutschen das unangenehme Gefühl, zu einer wirklichen Verständigung sei es nicht gekommen, im Gegenteil, Sie seien völlig missverstanden worden.

1. a) Was mögen die Gründe für solche Kommunikationsprobleme sein? Welche anderen Aspekte spielen neben Lexik, Syntax, Morphologie und Aussprache eine entscheidende Rolle in der interkulturellen Kommunikation?

b) Vervollständigen Sie diese Gleichung:

> Interkulturelle Kommunikation = Wörter + ? + ? ...

2. In welchen Kommunikationsbereichen kommt es speziell zwischen Amerikaner/innen und Deutschen leicht zu Missverständnissen oder Frustrationen? Tauschen Sie Ihre Erfahrungen aus und machen Sie eine Liste möglicher Kommunikationsfallen.

Achtung!
Gefährliches Gelände!

Duzen – Siezen
Komplimente
Tabuthemen
Höflichkeitsformen
Gesprächsdistanz
Körperkontakt
Lautstärke
...

Deutsch-amerikanische Kommunikation

3. a) „Deutsche Gesten": Überlegen Sie in der Gesamtgruppe, welche typisch deutschen Körperhaltungen und Gesten Sie reproduzieren können.

   b) „Deutsche Sätze": Sammeln Sie im Plenum Sätze und Ausdrücke, die Ihnen typisch deutsch vorkommen. Bauen Sie Ihre Sätze in kleine Dialoge ein. Bitte spielen Sie diese Dialoge.
   (Variante Ratespiel: Lassen Sie die anderen Gruppenmitglieder raten, um welchen zentralen Satz oder Ausdruck Ihr Dialog sich dreht.)
   Welche Emotionen verbinden Sie mit diesen Aussagen?

4. Deutsch-amerikanisches Kommunikationstheater – Tragikomödien aus dem interkulturellen Alltag.

   a) Entwerfen und spielen Sie Szenen, in denen die Kommunikation zwischen Amerikaner(inne)n und Deutschen trotz ausreichender Sprachkenntnisse nicht klappt.

   b) Lassen Sie die Zuschauer/innen raten, um welches spezifisch deutsch-amerikanische Missverständnis oder Kommunikationsproblem es sich in der Szene handelt.

   c) Überlegen Sie dann alle gemeinsam, wie die Szene zu einem *happy ending* geführt werden könnte. Zum Schluss die Szene mit dem neuen Ende noch einmal spielen.

1. *Mentalität* - Wie entsteht sie? Finden Sie möglichst viele Komponenten, aus denen sie sich zusammensetzt.

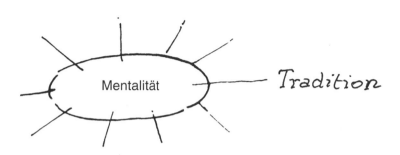

2. Lesen Sie das folgende Zitat des deutschen Philosophen Jürgen Habermas (geboren 1929). Vergleichen Sie Ihre und seine Charakterisierungen von Mentalität. Achten Sie auf eventuelle Abweichungen.

Unsere Lebensform ist mit der Lebensform unserer Eltern und Großeltern verbunden durch ein schwer entwirrbares Geflecht von familialen, örtlichen, politischen, auch intellektuellen Überlieferungen – durch ein geschichtliches Milieu also, das uns erst zu dem gemacht hat, was und wer wir heute sind. Niemand von uns kann sich aus diesem Milieu herausstehlen, weil mit ihm unsere Identität, sowohl als Individuen wie als Deutsche, unauflöslich verwoben ist. Das reicht von der Mimik und der körperlichen Geste über die Sprache bis in die kapillarischen Verästelungen des intellektuellen Habitus.

ein schwer entwirrbares Geflecht
– *ein dichtes Gewebe, dessen Fäden man schlecht auseinander nehmen kann*

die kapillarischen Verästelungen des intellektuellen Habitus
– *die feinsten Verzweigungen der Art und Weise zu denken*

Steckbrief

1. Entwerfen Sie in Kleingruppen den Steckbrief einer typischen Deutschen und eines typischen Deutschen. Ergänzen Sie zunächst die Liste der Merkmale.

Steckbrief ♀

Alter:_____

Gesichtsform
und -farbe: _____

Haare:_____

Augenform
und -farbe: _____

....

Steckbrief ♂

Alter:_____

Gesichtsform
und -farbe: _____

Haare:_____

Augenform
und -farbe: _____

....

2. Zeichnen Sie jetzt Ihre/n Deutsche/n, so gut Sie können.

3. Vergleichen Sie Ihre „Stereo-Typen". Welche Unterschiede und Gemeinsamkeiten gibt es?

4. Stellen Sie Vermutungen an: Welche Typen hätten wohl Ihre Eltern oder Großeltern gemalt?

Welcher deutsche Stereotyp wird in diesem amerikanischen Cartoon vorgeführt?
Was charakterisiert diesen Stereotyp?

Little Women

By Victoria Roberts

Jo looks for love and finds a professor

1. Hier sind einige Merkmale verschiedener Lebensstile herausgegriffen.
Können Sie diese Begriffe erklären?

> Kaffeefahrt – umhäkelte Klopapierrolle – Kiefernmöbel – Fischstäbchen – Kur

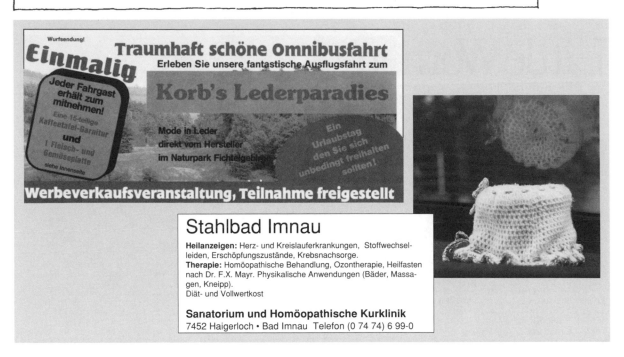

2. Welchem Personenkreis würden Sie die Merkmale am ehesten zuordnen?

	Soziale Schicht: (Ober-, Mittel-, Unterschicht)	Alter: (10-20, 20-35, 35-60, 60 und älter)	Geschlecht: m | w
Kaffeefahrt			
umhäkelte Klopapierrolle			
Kiefernmöbel			
Fischstäbchen			
Kur			

„Deutsche Typen"

Who is who?

3. Die folgenden Personenprofile stellen typische Vertreter/innen bestimmter gesellschaftlicher Gruppen in Deutschland dar:

Die rüstige Rentnerin	Der Bildungsbürger
Der Alternative	Die Jurastudentin
Die Alleinerziehende	Der deutsche Yuppie

Arbeiten Sie in Kleingruppen. Wählen Sie in Ihrer Gruppe einen der sechs Typen. Suchen Sie zuerst die zu dem Typ passende Stichwörtergruppe und tragen Sie die Überschrift ein. Klären Sie dann im Gespräch die Konnotationen der Stichwörter.

Vorsicht: Einige Stichwörter passen nicht. Streichen Sie sie. Begründen Sie Ihre Auswahl.

1. ....

– Mitglied im Verein für eine
  fahrradfreundliche Stadt
– Birkenstock-Schuhe
– handgestrickter Pulli
– liest Bildzeitung
– Müsli zum Frühstück
– trinkt Milch und Biowein
– selbst gebautes Regal
– macht im Urlaub einen Töpferkurs
  in der Toskana
– lange Haare
– Bart
– politisches Plakat in der Küche
– Fahrrad (21 Gänge)
– Bananen aus dem Dritte-Welt-Laden

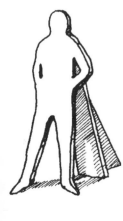

2. ....

– kurze Haare mit Dauerwelle
– cremefarbener Wettermantel
– Hütchen
– große Einkaufstasche
– Schrankwand mit Figürchen
– PC neben dem Sofa
– groß gemusterte Übergardinen
– Landschaftsbild
– Kaffeefahrten mit Busunternehmen
– Geranien am Fenster
– Ländlermusik im Radio
– 2 Wintermonate auf der Insel
  Mallorca
– Sonntagsbraten mit Knödeln
– Kur beantragt

3. ....

– mit einem Kunst-Reiseführer
  nach Rom
– graue Flanellhose
– Lodenmantel im Winter
– Bücher von Goethe, Schiller,
  Hölderlin und gute Neu-
  erscheinungen
– Sessel mit alter Stehlampe
– Sonntagsspaziergang
– echte Grafik an der Wand
– Biedermeiertischchen mit
  frischen Blumen
– Tannenbaum mit echten
  Bienenwachskerzen
– ist Kassierer im
  Kleintierzüchterverein
– klassische Musik

4. ....

– modischer Haarschnitt
– italienische Schuhe
– seidene Krawatte
– vor der Arbeit joggen
– zum Skifahren nach Utah
– echter Warhol an der Wand
– Geburtstagsbuffet aus dem
  Feinkostgeschäft mit Hummer
  und echtem Champagner
– keine Kinder
– umhäkelte Klopapierrolle im Auto
– Designermöbel
– Drink im Bistro
– ist gegen die Geschwindigkeits-
  begrenzung auf Autobahnen
– Telefon im Auto

5. ....

– liest psychologische
  Neuerscheinungen
– ist für flexiblere Schulzeiten
– hört Liedermacherinnen
– modische Klamotten aus dem
  Kaufhaus (Sonderangebote)
  telefoniert häufig mit
  Freundinnen
– einmal pro Woche
  Fischstäbchen
– Kiefernmöbel
– Volkshochschulkurs: Yoga
– Mitglied im Golfclub
– regelmäßige
  Stadtbüchereibesuche

6. ....

– Jeans und Blazer aus der teuren
  Boutique
– Ticket fürs Popkonzert
– Tennis oder Squash spielen
  im Club
– arbeitet gelegentlich beim Vater
  im Betrieb
– Dürers Bild „Betende Hände"
  an der Wand
– Superlearning-Sprachkurs
  Spanisch
– VW Golf GTI mit Schiebedach
– am Wochenende Disco
– Bestseller
– Espressomaschine

 4. Stellen Sie Stichworte zusammen zu weiteren Typen, die Ihrer Meinung nach in Deutschland repräsentativ sind.

 5. Unterhalten Sie sich über Ihre Resultate.

Auf dem Bild von Johannes Grützke sind drei Männer abgebildet. Jo Pestum, ein zeitgenössischer Schriftsteller, hat eigens dazu diese drei Abschnitte geschrieben.

Addition oder Selbstaussagen zur Person

Ich bin vollkaskoversichert
Ich bin ein beliebter Nachbar
Ich bin körperlich und geistig belastbar
Ich bin kreditwürdig
Ich bin weltanschaulich tolerant
Ich bin Nichtraucher
Ich bin politisch auf dem Laufenden
Ich bin Kassenwart im Freizeitverein
Ich bin gegen linke Panikmacher
Ich bin durchaus für die Demokratie
+
Ich habe nichts zu verbergen
Ich habe das goldene Sportabzeichen
Ich habe immer von meinem Wahlrecht
                Gebrauch gemacht
Ich habe verschiedene Hobbys
Ich habe im Prinzip nichts gegen Ausländer
Ich habe Aussicht auf eine leitende Position
Ich habe kein Länderspiel verpasst
Ich habe mir nichts vorzuwerfen
Ich habe Spaß an John-Wayne-Filmen
Ich habe eine positive Lebenseinstellung
+
Ich besitze ein schadstoffarmes Kraftfahrzeug
Ich besitze eine zufriedene Familie
Ich besitze Humor
Ich besitze ein schuldenfreies Reiheneckhäuschen
Ich besitze eine gewisse Religiosität
Ich besitze Staatsobligationen und Pfandbriefe
Ich besitze eine gediegene Ausbildung
Ich besitze einen Heimcomputer
Ich besitze eine ausgewogene Persönlichkeit
Ich besitze das Vertrauen meiner Vorgesetzten

Sind wir nicht ein netter Kerl?

1. Wie interpretieren Sie den Widerspruch im letzten Satz: Sind *wir* nicht *ein* netter Kerl?

2. Beantworten Sie folgende Fragen zum Text:
Soziale Schicht?
Wertvorstellungen?
Politische Grundeinstellung?
Charaktermerkmale?

3. Interpretieren Sie die einzelnen Aussagen. Achten Sie auf sprachliche Mittel, die eine Aussage einschränken oder modifizieren, und suchen Sie Ausdrücke heraus, die Wertungen enthalten.

4. Schreiben Sie nun selbst einen Text nach diesem Muster. Nehmen Sie als Grundlage einen Ihrer oder der sechs Typen (Seite 29/30).

vollkaskoversichert
– *Versicherung gegen Schäden am Auto, die alles deckt*
Staatsobligationen und Pfandbriefe
– *Wertpapiere*
gediegen
– *solide*

Deutsche? Amerikaner/innen?

Was meinen Sie, welche der abgebildeten Personen sind Deutsche, welche Amerikaner/innen?
Nennen Sie Ihre Auswahlkriterien.

Standardsituation aus dem Alltag: Einladung in Deutschland

1. **Waren Sie schon einmal in Deutschland privat eingeladen? Zu welchem Anlass? Tauschen Sie im Plenum Ihre Erfahrungen aus.**

2. **Sammeln Sie in Kleingruppen Ideen für ein „Drehbuch" zum Thema: Einladung in Deutschland.**
Besprechen Sie zum Beispiel:

Wer wird eingeladen? Wann findet die Einladung statt?
Wo findet sie statt?
Begrüßung: Gesten und Redewendungen?
Geschenk: Ja oder nein? Was?
Was wird gegessen? Was wird getrunken?
Tischgespräch: Wer spricht mit wem? Worüber?
Verabschiedung: Wann? Wie? ...

3. **In dem folgenden Textauszug finden Sie als Anregung Informationen aus einem neuen „Benimmbuch":**

Tischgespräch und Pflichteinladung

Wenn es beim gemeinsamen Essen in größerer Runde zu interessanten Gesprächen gekommen ist, war die Einladung bestimmt ein Erfolg. [...]

Fast nirgendwo redet es sich so leicht und unbeschwert wie beim Essen. Jeder Gast hat etwas vor sich, mit dem er sich beschäftigen kann. Das hilft die Scheu zu überwinden, und das entschuldigt gelegentliches Schweigen. Fällt einem gar nichts ein, so kann man über das Essen reden, was früher streng verpönt war. Da heutzutage aber vom Gastgeber das Essen selber gekocht (oder mit manchmal ebenso viel Kopfzerbrechen ausgesucht und gekauft) worden ist, verdienen diese gelungenen Anstrengungen wahrhaftig Lob und Anerkennung. Im Übrigen lautete die Vorkriegsregel: Man spricht bei Tisch nicht über Krankheit, Geld und Politik.

Ein wenig Weisheit steckt in der alten Regel, denn über Politik kann man in Streit geraten;

Geld kann in Angeberei ausarten und diejenigen beleidigen, die nicht so reich damit gesegnet sind; und Krankheitsberichte: Es gibt immer wieder Menschen, denen bei der lebhaften Beschreibung eines schönen Magengeschwürs ganz einfach übel wird.

Über das Wetter als Gesprächsthema wird gern gelästert. Auf jeden Fall kann es der berühmte Anfang sein, und wenn zwei Leute merken, wie albern der Austausch von „gar kein so schlechtes Wetter für diese Jahreszeit ..." ist, lachen vielleicht beide, und dann kann das richtige Gespräch beginnen.

Auf jeden Fall sollte man zu Beginn keine persönlichen Fragen stellen, sollte nicht nur von sich selber reden und sollte nicht nur Monologe halten, sondern auf seinen Tischnachbarn achten und hinhören, was er oder sie sagt. Manchmal besteht der beste Beitrag auch nur darin, ein guter Zuhörer zu sein und nur von Zeit zu Zeit mit einer Frage das Gespräch in Gang zu halten. [...]

---

verpönt
– *man tut es nicht; es wird nicht gern gesehen*

in Angeberei ausarten
– *so wichtig tun, dass man das rechte Maß verliert*

4. Worüber reden diese Deutschen? Halten Sie sich an die Regeln aus dem Benimmbuch?

 TISCHGESPRÄCHE

Jutta Bauer

5. Jetzt haben Sie sicher genug Ideen für Ihr „Drehbuch": Schreiben Sie los.

6. Es bietet sich an, diese Situation auch zu spielen.

7. Was hat sich für eine deutsche Einladung als typisch herauskristallisiert? Wo sind die Abweichungen zu den USA am gravierendsten?

 Würden Sie an den Begriffen einer deutschen Mentalität oder des typischen Deutschen festhalten, auch wenn es so viele unterschiedliche Ausprägungen des Deutschen gibt?
Welche Verfahrensweisen sind denkbar, die zu einem differenzierten Bild führen?

Meine Deutschlandbilder

1. Was assoziieren Sie zu den Stichworten *deutsch* und *Deutschland* ?

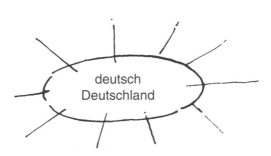

deutsch
Deutschland

2. Sortieren Sie diese Ergebnisse nach Themen. Überlegen Sie, woher diese Assoziationen kommen (z. B. eigene Erfahrungen, Medien, Lektüre).

3. Wenn Sie Zeit und Lust haben, können Sie auch eine Bildcollage zum Thema *Deutschland* herstellen.

4. Glauben Sie, dass alle Amerikaner/innen ein Deutschlandbild haben? Nennen Sie Gruppierungen, die vielleicht gar kein Bild haben. Stellen Sie Vermutungen darüber an, welche sozialen Gruppen was für ein Bild haben könnten.

5. Erinnern Sie sich? Wann und wo sind Sie mit Deutschen und Deutschland zum ersten Mal in Berührung gekommen?

6. Hatten Sie im Zusammentreffen mit Deutschen und Deutschland Aha- oder Schockerlebnisse? Berichten Sie oder schreiben Sie über Ihre Erfahrungen.

Aha-Erlebnis
– ein Erlebnis, bei dem man
  plötzlich etwas versteht

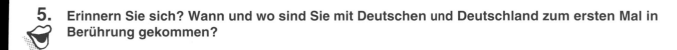

1. Gibt es in Ihrem Heimatort oder in Ihrem amerikanischen Studienort Deutsches wie z.B. deutsche Firmen, Vereine, Feste, Läden, Zeitungen, ein Kulturinstitut, ein Konsulat etc.?

Mensa der University of Wisconsin in Madison, Wisconsin

2. Haben Sie persönliche Erfahrungen mit solchen Einrichtungen oder Ereignissen etc. gemacht?
Was verbinden Sie mit ihnen?

Amerika aus deutscher Sicht

Der deutsche Schriftsteller Wolfgang Koeppen (geboren 1906) veröffentlichte 1959 seinen Reisebericht *Amerikafahrt*.

1. In dem Text berichtet der Autor, er habe einen „amerikanischen Frieden" und ein „amerikanisches Glück" gesehen. Was assoziieren Sie dazu?

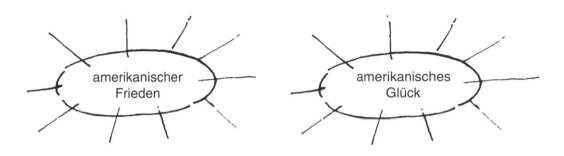

amerikanischer Frieden

amerikanisches Glück

2. In jeder Wahrnehmung wird die wahrnehmende Person erkennbar. Was erfährt man indirekt über den Verfasser? Was empfinden Sie als deutsche Optik?

[...] wir fuhren langsam durch die Wohnviertel, fuhren in dem schönen großen Automobil des Generals und sahen einen amerikanischen Frieden, ein amerikanisches Glück, ein amerikanisches verwirklichtes Ideal, einstöckige, nette Häuser auf grünen Hügeln oder ebenem Rasen, schattenspendende Bäume, keinerlei Umzäunungen, eine große Nachbarschaft, eine einzige Normalfamilie, nette, hübsche Kinder, die einander glichen, Hunde und Katzen von derselben Gepflegtheit, das Gras, das überall geschoren, das Auto, das überall abgespritzt wurde, der Baustil, die Grundrisse, die Einrichtungen, die Musik, die gespielt wurde, das Essen, das reichlich auf den Tisch kam, der bequeme Schaukelstuhl für den Grand Dad, sie ähnelten einander wie zwei Schuhe eines Paars, und ich dachte, wehe dem Menschen, der sich in diese wohlsituierte, freundliche und zweifellos immer hilfsbereite Nachbarschaft nicht einfügen mag und seinen Rasen verwildern läßt. [...]

Gepflegtheit
– *Properkeit; Adrettheit*
wehe
– Klage, Drohung: *wer das tut, dem wird es schlecht gehen*
sich einfügen
– *sich anpassen*

1. In dem Gedicht von Jürgen Theobaldy (geboren 1944) aus dem Jahre 1976 können Sie nachvollziehen, wie sich ein Amerikabild mit der Zeit verändert hat. Finden Sie die einzelnen Etappen heraus und beschreiben Sie sie.

Bilder aus Amerika

Weil mich, kaum geboren
in den letzten Wochen des Weltkrieges,
beinah ein Soldat mitgenommen hätte,
hinüber nach Amerika, träumte ich
oft davon, in Amerika aufzuwachen
mit Jeans und Tennisschuhen,
den Baseballschläger unter dem Arm.
Ich träumte vom frischen Rasen
vor der High School, von rosa Zahnpasta
und Ananas aus der Dose. Amerikanisch
hätte ich sicher sehr breit gesprochen,
und später wäre ich, so träumte mir,
im Cadillac vors Bürohochhaus gefahren.
Aber später war ich immer noch
hier in Mannheim und fuhr jeden Morgen
auf einem Fahrrad ohne Gangschaltung
in den Hafen zur Exportabteilung.
Und noch später sah ich junge
Amerikaner, so alt wie ich,
abgeführt werden, weil sie ihre
Einberufungsbefehle verbrannt hatten.
Ich sah die qualmenden Häuser
in den Gettos der Schwarzen, und ich sah
die Nationalgarde im Kampfanzug
gegen barfüßige Studenten, sah die
Schlagstöcke der Polizisten, die lang
wie Baseballschläger waren.
Jetzt träume ich kaum noch
von Amerika, nicht einmal Schlechtes.
Aber ich frage mich oft, wie das Land
sein mag, von dem sich die Bilder
so verändert haben, so schnell
und so gründlich.

abführen
– *verhaften; wegbringen als Gefangene*
qualmend
– *rauchend*

2. Hat sich Ihr Deutschlandbild auch im Laufe der Zeit verändert?

Die Amerikareise

Stellen Sie sich vor: Sie sind Deutsche/r und können mit einem Austauschprogramm mehrere Wochen in einer amerikanischen Gastfamilie verbringen.

1. Sie haben ein Vorbereitungstreffen mit den anderen Teilnehmern und Teilnehmerinnen. Sprechen Sie mit den anderen über Ihre Erwartungen und Befürchtungen. Zu welchen Stichwörtern erwarten Sie Verhaltenshilfen für deutsche Gäste in den USA?

2. Lesen Sie die folgenden Textauszüge aus einer Zeitschrift für den deutsch-amerikanischen Schüleraustausch und setzen Sie die passenden Überschriften ein. Überprüfen Sie Ihre Lösungen mit denen des Originals.

BENIMM

① _____

Es gibt Wörter im Amerikanischen, die für Deutsche zunächst verwirrend sind. *Friend* ist eines davon. Da im Amerikanischen der entsprechende Begriff für das deutsche Wort „Bekannter" negativen Klang hat, ist man rasch jedermanns Freund. Das darf nicht überbewertet werden, sonst ist man schnell enttäuscht und meint, Amerikaner seien oberflächlich. Ebenso das Wort *Love:* Es ist in den USA nicht so bedeutungsschwanger wie im Deutschen und wird geradezu inflationär verwendet.

② _____

In amerikanischen Familien zeigt und sagt man gern, dass man sich mag. Es ist nicht ungewöhnlich, dass sich Eltern und Kinder mehrmals am Tag versichern, dass sie einander gern haben oder lieben.

③ _____

Besonders in der Schule sind allzu kritisches Hinterfragen, Nachhaken und Widerworte nicht immer geschätzt. Was man aus deutschen Schulen gewohnt ist, lässt sich auf Amerika nicht immer übertragen.

④ _____

Im Gegensatz zu Deutschland, wo Schimpfwörter leicht über die Lippen kommen und nichts Besonderes mehr bedeuten, gelten sie in Amerika als asozial. Wer sie benutzt, muss sich über ein schlechtes Image nicht wundern.

_____

bedeutungsschwanger
– umgangssprachlich für: *zu stark mit Bedeutung beladen*
nachhaken
– *nachfragen*

⑤

Verkriechen oder Herumhängen gilt nicht. Auch wenn's am Anfang schwer fällt: Als ausländischer Gastschüler sollte man sich an möglichst vielen Aktivitäten beteiligen, besonders beim Sport. Amerikaner schätzen Fairness und Teamgeist und haben wenig Verständnis für Leute, die sich passiv verhalten.

⑥

Amerikaner lieben Komplimente. Weit mehr als Deutsche kommen sie gern auf die Idee, einem zu sagen, wie gut einem eine Frisur steht. Nachdem man sich als Deutscher daran gewöhnt hat, macht es richtig Spaß, da mitzumachen

⑦

Deutsche haben im Ausland den Ruf, Grübler und Miese- peter zu sein. Das trifft besonders in Amerika zu. Es ist leider so, aber man kann wenig daran machen: Wer in den USA den Zivilisationspessimisten herauskehrt und überall die problematische Seite sieht, hat einen schweren Stand. Daher gilt die Faustregel: „Think positive – Denk positiv!" Darüber braucht man die ernsten Aspekte des Lebens nicht zu verleugnen.

verkriechen
– *sich aus Scheu verstecken bzw.*
zurückziehen
Grübler
– *Nachdenker*
Miesepeter
– *jemand, der ständig herumnörgelt;*
ein unzufriedener Mensch

3. **Vergleichen Sie Ihre Stichwörter aus Aufgabe 1 mit denen aus der Zeitschrift.**

Deutsche Lebensläufe

„Mein deutscher Lebenslauf"

Stellen Sie sich vor, dass Sie als Deutsche/r aufgewachsen wären. Was für ein Mensch wären Sie geworden und welche persönliche Geschichte könnten Sie von sich erzählen und schreiben?

1. **Schreiben Sie als Erstes einen tabellarischen Lebenslauf.**

Name, Adresse ....

Geburtstag, -ort ....

Staatsangehörigkeit ....

Familienstand ....

Schulausbildung   Grundschule

19.. - 19..   ....

19.. - 19..   ....

(Wehrdienst - Zivildienst) ....

Berufsausbildung/Studium ....

19.. - 19..   ....

Sprachkenntnisse ....

2. **Schmücken Sie dann Ihr „deutsches Leben" aus. Berücksichtigen Sie dabei die folgenden Stichworte:**

- Beziehungen: Elternhaus, soziales Milieu, Beziehungen zur Familie, zu Freunden, Geselligkeit
- Kindheit: Kinderbücher, Kinderlieder, Kinderspiele, Kindergarten/Kinderladen, Kindersendungen im Fernsehen
- Freizeit: Hobbys und Interessen, Mitglied in Vereinen oder Gruppen
- Lebensstil: Wohnungseinrichtung, Reisen, Kleidung, Auto, Essen, Lektüre
- Politische Orientierung: Parteizugehörigkeit, politische Meinung
- Religion: Zugehörigkeit und Bedeutung
- Zukunftspläne und Lebensgefühl

Recherchieren Sie sorgfältig. Greifen Sie ruhig zu Büchern, in denen Fakten über Deutschland zu finden sind. Lassen Sie sich vom zuständigen Fremdenverkehrsbüro Materialien über die Orte schicken, an denen Sie „gelebt" haben. Interviewen Sie Deutsche zu Aspekten Ihres „deutschen Lebens", die in keinem Buch zu finden sind.

Fragmente eines deutschen Lebens

Abzählvers

Ich und du
Müllers Kuh,
Müllers Esel,
der bist du

3. Berichten Sie von erwähnenswerten Ereignissen in Ihrem deutschen Leben.

....

....

4. Lesen Sie den fiktiven Lebenslauf eines englischen Studenten, der im Sommersemester 1989 im Rahmen eines Kurses für ausländische Studierende an der Universität Tübingen entstanden ist.

Lebenslauf

Ich heiße Helmut Dinkelacker und bin 1937 in Frankfurt geboren. Ich bin also jetzt 52 Jahre alt. Ich bin das einzige Kind von Hermann und Ursula Dinkelacker. Mein Vater war Maurer. Er ist 1944 an der Ostfront gefallen. Während des Krieges wohnte ich bei meiner Tante Renate auf der Schwäbischen Alb.

Danach habe ich weiter in Frankfurt gelebt. Meine Mutter hat wieder geheiratet. Aber ich bin mit meinem Stiefvater nicht gut ausgekommen. Er behandelte mich, als ob er mein richtiger Vater sei, und er war sehr streng.

Ich ging in eine Berufsschule und machte eine Ausbildung als Maschinenarbeiter. Ich arbeitete dann zwanzig Jahre bei einer Firma in Frankfurt, die Werkzeuge produzierte. Aber sie wurde 1977 stillgelegt, weil sie dem Import solcher Güter aus dem Ausland nicht mehr standhalten konnte. Ich suchte vergeblich nach einer anderen Stelle als Maschinenarbeiter. Es gibt jetzt so viele Türken und andere Ausländer hier, daß es keinen Platz mehr für die einheimischen Deutschen gibt.

Nach einem Jahr Arbeitslosigkeit habe ich eine Stelle als Busfahrer in Mainz bekommen. Mein Stiefvater war auch Busfahrer und hat mir das beigebracht, als wir noch miteinander redeten. Meine Mutter und mein Stiefvater wohnen immer noch in Frankfurt, aber ich besuche sie nur selten, vielleicht nur einmal pro Jahr, und dann sehe ich nur meine Mutter. 1968 habe ich meine Frau Inge geheiratet. Wir haben zwei Töchter, Bärbel, 18 Jahre alt, und Monika, 15 Jahre alt. Monika ist eine tolle Tochter und arbeitet fleißig in der Schule. Leider haben wir in der letzten Zeit einige Probleme mit Bärbel gehabt. Vor einem Jahr war sie mit einem türkischen Gastarbeiter befreundet. Sie sagte, daß er ihr Freund sei. Natürlich haben wir ihr gesagt, daß das nicht sein darf, und ihr erklärt, daß Deutsche und Türken nicht zusammenpassen. Türken sind doch so dreckig, und ihre Kultur ist total anders als unsere. Aber sie hat das nicht verstanden und wohnt jetzt weg von zu Hause.

In meiner Freizeit wandere ich gerne und kegele in einem Verein zwei- oder dreimal in der Woche. Das Kegeln ist eine gute Gelegenheit, Zeit mit meinen Kumpels zu verbringen und ein paar Bierchen zu trinken.

Ich habe vorher immer CDU gewählt. Sie versucht, für eine stabile Wirtschaft und ein sicheres Deutschland zu sorgen. Aber jetzt, bei so vielen Ausländern hier, die uns die Arbeitsstellen wegnehmen, und diesen kommunistischen Grünen überall, muß etwas unternommen werden. Ich habe den Wiederaufbau Deutschlands nach dem Zweiten Weltkrieg miterlebt und dabei mitgeholfen. Mit fleißiger Arbeit haben wir Deutschen sehr viel geschafft, und jetzt kommt die jüngere Generation und will vom Wohlstand des damaligen Wirtschaftswunders profitieren. Aber sie ist nicht bereit, dafür richtig zu arbeiten. Meiner Meinung nach haben die Republikaner gute Ideen. Wir wollen ein Deutschland für die Deutschen. Ich bin kein Rassist, aber es ist logisch, daß wir zuerst für uns selbst sorgen und danach für andere.

1. Was assoziieren Sie mit den englischen Wörtern *private* und *public*?

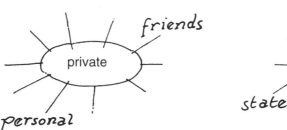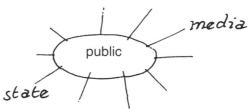

2. Vergleichen Sie bitte Ihre Assoziationen mit denen von anderen in der Gruppe. Diskutieren Sie miteinander über unterschiedliche Vorstellungen und Meinungen. Stellen Sie auch fest, ob bestimmte Assoziationen bei allen oder den meisten übereinstimmen.

3. Wortfelder *private* und *public*: Welche verwandten oder abgeleiteten englischen Wörter, Ausdrücke, Redewendungen etc. fallen Ihnen ein?

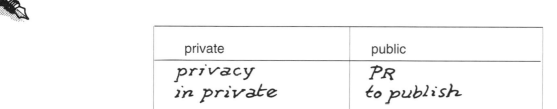

private	public
privacy	*PR*
in private	*to publish*
...	*...*

4. Welche deutschen Übersetzungen finden Sie im Wörterbuch für *private* und *public* und die verwandten Wörter, Ausdrücke etc., die Sie in den Listen oben zusammengestellt haben? Für welche englischen Wörter und Wendungen gibt es im Deutschen genaue Entsprechungen, für welche nicht? Was z. B. finden Sie unter dem Stichwort *privacy*?

Privat

pri·vat ‹Adj.› *außeramtlich, nicht öffentlich, persönlich, vertraulich; nicht staatlich* (Geschäft, Unternehmen); ~ (Aufschrift auf Türschildern in Geschäften, Hotels usw.); ~ e Angelegenheiten; ~ er Eingang; das ist meine ~ e Meinung (die ich nicht öffentlich äußere); ~ e Mitteilung; kann ich bitte Hernn X einmal ~ sprechen? [von lat. *privatus* „(der Herrschaft) beraubt, gesondert"; zu lat. *privare* „berauben, befreien, sondern"].

aus: Gerhard Wahrig, Deutsches Wörterbuch, Mosaikverlag, München 1980

privat „persönlich; vertraulich, familiär; nicht öffentlich, außeramtlich": Im 18. Jh. aus *lat.* privātus „(der Herrschaft) beraubt; gesondert, für sich stehend; nicht öffentlich" entlehnt, dem Partizipialadjektiv von *lat.* privāre „berauben; befreien; sondern". Stammwort ist *lat.* privus „für sich stehend, einzeln", das als Bestimmungswort in → Privileg erscheint.-

aus: Duden, Etymologie, Bibliographisches Institut, Mannheim 1963

1. Suchen Sie in den hier abgedruckten Beispielen alle Wörter und Wendungen heraus, die zum Wortfeld *privat* gehören. Was bedeuten sie? In welchem Kontext stehen sie? Die Wörterbuch-Definitionen können Ihnen helfen.

Privatschule = Nichtstaatliche Schule

Bahn auf privater Schiene

Verkehrsforum spricht sich für Umwandlung aus

Bonn (AP) Eine Belastung des Bundeshaushalts bis zum Jahr 2000 mit mehr als 400 Mrd. DM durch die Bahn kann nach Ansicht von führenden Managern nur durch eine Umwandlung in ein Wirtschaftsunternehmen vermieden werden. Das Verkehrsforum Bahn, in dem 240 deutsche Unternehmen vertreten sind, stellte gestern dazu ein Strategiepapier vor.

Ostdeutsche Haushalte wollen Energie sparen

In der alten DDR gab es private Verschwendung

Makler und Privat!!!

Suchen für sofort Bauplätze mit genehmigtem Bauvorhaben für Mehrfamilienhaus, zahlen beste Preise hier u. 30 km Umgebung. Tel. 08151/239 754 Wohnbau, auch Plätze ohne Genehmigung.

Führende Privatschulen und Institute

Ausbildung

Postbank

Ganz privat.
Die neuen
Diskretionszonen.

Aufbau-Verlag wurde privatisiert

(dpa) Die Berliner Treuhandanstalt hat vier neue Verleger für die Übernahme des ostdeutschen Aufbau-Verlages ausgewählt, der als renommiertestes DDR-Verlagsunternehmen im Bereich Belletristik galt. Der Frankfurter Makler Bernd F.Lunkewitz, Ulrich Wechsler von der Frankfurter Buchmesse, Eberhard Kossak (München) und Thomas Grundmann (Bouvier Bonn) sind die neuen Gesellschafter. Die Investoren wollen versuchen, die Belegschaft der Aufbau-Verlagsgruppe voll zu übernehmen.

0711-535979
Neu • 0711-49 07 00
NEU ❋ bis 2.00
0711 / 6 31 16 06
Privat≈0711-53 5979≈
NEU   Privat   NEU
0711-3 34 64 26 Mo.-Fr.10⁰⁰-20⁰⁰
TOP-ER ☎ 0711-10 23 32
❋0711❋226 58 32❋11–2h
ab 12⁰⁰ 07022 / 4 27 27

Weniger Staat mehr Privat!

Damit wir alle nicht zu Staatsdienern werden. Die Wirtschaftsjunioren stemmen sich dem Druck entgegen.

Projektleiter: Priv.-Doz. Dr. Paul Mog

Privatgrundstück

Parken verboten!

Widerrechtlich geparkte Fahrzeuge werden kostenpflichtig entfernt

Schwimmmeister laufen zu Privatbädern über

Der öffentliche Dienst verliert an Attraktivität

Von unserem Mitarbeiter Werner Scheib

Im ganzen Kampfgetümmel um die beste Abschlusszahl im öffentlichen Dienst ging bisher weitgehend ein Problem unter: Händeringend sucht der Staat qualifiziertes Personal, weil die Leute in Scharen davonlaufen. Der öffentliche Dienst kann bei den Löhnen und Gehältern nicht mehr mit der privaten Wirtschaft mithalten. „Wenn ein Bauunternehmer einem erfahrenen Stadtplaner 800 bis 1000 Mark im Monat drauflegt, ist der schnell weg", heißt es etwa aus dem Stuttgarter Rathaus. Da ziehe auch der krisensichere Arbeitsplatz beim Staat nicht mehr.

In vielfacher Hinsicht mild-gedämpfte Silvesternacht:

Krach und Wonne beim Schloss

Die private Fete wird beliebter/Keine Knallkörper-Unfälle zu beklagen

Wenn aus Privatpersonen plötzlich Richter werden

1992 ist Wahljahr für 43 000 Schöffen in Westdeutschland

Über 43 000 Bundesbürger werden im Laufe dieses Jahres von der Justizverwaltung eine Mitteilung bekommen, die sie um ein nicht immer beliebtes Ehrenamt reicher macht. Durch das meist amtlich-nüchtern gehaltene Schreiben erfahren sie, dass sie zu Schöffen gewählt worden sind. Unvermittelt darf sich die bisherige Privatperson als Richterin oder Richter fühlen – nach dem Gesetz mit voller Entscheidungsbefugnis über das Schicksal der Angeklagten.

Neues Mediengesetz verabschiedet
Künftig weniger Privatsender im Land

Familienleben ist Privatsache
Ein Spitzenpolitiker: „Popularität ist schlimm"

2. Sammeln Sie weitere Beispiele.

Öffentlich

'öf–fent–lich ‹ Adj. › **1** *staatlich, städtisch, der Gemeinde gehörend; allgemein, allen zugänglich; allgemein bekannt, alle betreffend* **2** ~ e Anlagen, Gelder, Mittel; ~es Ärgernis erregen; ~ er Fernsprecher *F., der von jedermann gegen Gebühr benutzt werden darf;* ~ es Gebäude; die ~ e Hand *Staat u. Gemeinde als Unternehmer;* ~ es Haus *Bordell;* ~ e Klage (Strafprozeß) *Anklage;* ein Mann des ~ en Lebens *allgemein bekannte Persönlichkeit, z. B. Politiker;* die ~ e Meinung *die M. des Publikums, der Menschen, der Allgemeinheit, des Volkes;* die ~ e Moral; die ~ e Ordnung aufrechterhalten, gefährden; ~ e Prüfung; ~ e Verhandlung (vor Gericht) **3** ~ auftreten, reden, sprechen *vor einem großen Zuhörerkreis;* etwas ~ bekanntmachen; ~ zeigen *einem größeren Zuschauerkreis zeigen* **4** im ~ en Leben stehen {von ahd. offanlih „offen, deutlich, gewiß"; zu offan „offenbar, offen")
'Öf-fent-lich-keit ‹ f. 20; unz. › *die Leute, das Volk, alle anderen Menschen, das Publikum;* etwas in aller ~ tun, sagen *vor allen Leuten;* ein Schriftstück der ~ übergeben *zum Verkauf freigeben, ausliefern;* ein Bauwerk der ~ übergeben *einweihen, zur Besichtigung, zur Benutzung freigeben;* etwas an, vor die ~ bringen *allgemein bekanntgeben, veröffentlichen;* an, in die ~ dringen *sich herumsprechen, bekanntwerden;* mit einem Buch an die ~ treten *hervortreten, bekannt werden*
'Öf-fent-lich-keits-ar-beit ‹ f. › *Bemühung um Vertrauen in der Öffentlichkeit durch Informationen über die eigenen Leistungen;* Sy *Public Relations*

aus: Gerhard Wahrig, Deutsches Wörterbuch,
　　　Mosaikverlag, München 1980

offen: Das *altgerm.* Adjektiv *mhd.* offen, *ahd.* offan, *niederl.* open, *engl.* open, *schwed.* öppen ist eng verwandt mit den unter → [1]ob und → obere behandelten Wörtern und gehört zu der Wortgruppe von → auf. Abl.: **offenbar** „deutlich, klar ersichtlich, eindeutig" (*mhd.* offenbar, -bære, *ahd.* offanbār), dazu **offenbaren** „offen zeigen, enthüllen, kundtun" (*mhd.* offenbāren), **Offenbarung** w „Kundgabe, Bekenntnis" (*mhd.* offenbārunge); **Offenheit** w „Aufrichtigkeit, Freimut" (18. Jh.); **öffentlich** ◄ „allgemein, allen zugänglich, für alle bestimmt" (*mhd.* offenlich, *ahd.* offanlīh), dazu **Öffentlichkeit** w „Allgemeinheit" (18. Jh.) und **veröffentlichen** „öffentlich bekanntgeben; publizieren" (19.Jh.); **öffnen** „aufmachen" (*mhd.* offenen, *ahd.* offinōn), dazu **Öffnung** w „offene Stelle, Loch, Lücke, Mündung" (*mhd.* offenunge, *ahd.* offanunga).
offensiv „angreifend; angriffsfreudig": Eine *nlat.* Bildung des 16./17. Jh.s zu *lat.* of-fen-dere (offēnsum) „anstoßen, verletzen, beschädigen" (vgl. *defensiv*). Abl.: **Offensive** w „planmäßig vorbereiteter Großangriff (eines Heeres); Angriff" (18. Jh.; nach gleichbed. *frz.* offen-sive).

aus: Duden, Etymologie,
　　　Bibliographisches Institut, Mannheim 1963

1. Suchen Sie Beispiele, Illustrationen etc. zum Wortfeld *öffentlich* und stellen Sie sie zu einer Collage oder Wandzeitung zusammen.

Öffentliche Anlage

2. Sprechen Sie in der Gruppe über Ihre Funde und Beobachtungen. Für welche Wörter und Wendungen waren Beispiele leicht zu finden, für welche nicht? Gibt es Bedeutungsaspekte von *öffentlich,* für die Sie gar keine Beispiele finden konnten?

privat – *private*	
öffentlich – *public*	zwei Gleichungen?

Vergleichen Sie bitte die Bedeutungen und Anwendungsbereiche der deutschen und der englischen Wörter, Ausdrücke etc. Welche Unterschiede, welche Entsprechungen gibt es?

Meine Überschrift: ....

1. Welche Assoziationen löst dieses Bild bei Ihnen aus?
Finden Sie eine treffende Überschrift für das Bild.

2. Und so wurde das Bild einmal benutzt. Welche Funktion hat das Bild in der Reklame?

Mit amerikanischen Augen

> Die Deutschen lieben Zäune. Der Garten wird abgeschirmt. Es gibt hohe Zäune oder eine Hecke.

> Was die Privatheit angeht: Wir hatten nie zuvor so viele Türen, Schränke und Schubladen mit Schlösseen und Schlüsseln gesehen.

3. Welche Beobachtungen haben Sie in Deutschland gemacht? Wo sehen Sie die Hauptunterschiede zu den USA?

Die eigenen vier Wände

My home – my hobby / Entwicklung vom Öffentlichen zum Privaten

Niemand weiß so recht, warum und wieso: Aber wir sind dabei, unsere Lebensform zu ändern. Wir stehen sozusagen in einer Entwicklung, nämlich vom Öffentlichen zum Privaten. Entwicklung vom Öffentlichen zum Privaten heißt: daß sich unser Leben zunehmend in den eigenen vier Wänden abspielt. [...]
Wenn die erkennbaren Trends stabil bleiben, werden wir also häuslicher, kümmern uns mehr um das, was wir unsere eigenen Angelegenheiten nennen und werden wohl unsere Wohnung mehr schätzen lernen als in den 60er und 70er Jahren. Wir werden wohl mehr wohnen – nicht im Sinne von wohnhaft sein, sondern im Sinne einer Aktivität. Wohnen als Handeln: die Kunst des Wohnens. Man müßte im Familienkreis eine Liste von allen Tätigkeiten erstellen, die man zu Hause ausüben kann: lesen, basteln, kochen, arbeiten, malen, tanzen, umräumen, Licht verändern, Musik machen/hören, mit Kindern spielen, Freunde einladen, Briefe schreiben, fernsehen, Radio hören, das Silber putzen, alte Zeitschriften lesen, telefonieren ... Wenn man so vier Seiten vollgeschrieben hat, weiß man, welche Erfahrungsmöglichkeiten die eigenen vier Wände als Handlungsfeld bieten und möchte sofort damit anfangen.
Das Wort „Gemütlichkeit" – früher überstrapaziert und deshalb außer Gebrauch genommen – könnte wieder zu Ehren kommen. Man meint damit nicht nur körperliches Wohlbehagen, Wärme und Bequemlichkeit, sondern auch die Entlastung von Daseinsdruck und Lebensansprüchen, eine Freiheitsinsel, auf der man für eine absehbare Zeit unangreifbar ist und nicht gefordert werden kann. [...]
Weniger Öffentlichkeit und mehr Privatheit ist Entlastung von Selbstausstellung: Wir dürfen wieder sein, der wir sind, und hören auf vorzugeben, wer wir sein wollten oder sollten. [...]   (15.02.82)

etwas schätzen – hier im Sinne von: *für wertvoll halten*	überstrapaziert – *zu oft benutzt*

1. **Wie wird das Private im Text umschrieben? Suchen Sie bitte die wichtigsten Stichwörter heraus.**

häuslicher werden

2. Vergleichen Sie die Prioritäten der Ost-Deutschen mit denen der West-Deutschen. Welche von den Stichwörtern aus dem Text *Die eigenen vier Wände* finden Sie wieder?

Ost-Deutsche sind häuslicher 1991

Emnid legte eine Liste mit 41 Freizeitbeschäftigungen vor. Mindestens ein Drittel der Ost-Deutschen und/oder der West-Deutschen widmet sich den folgenden davon „häufig" oder „manchmal":

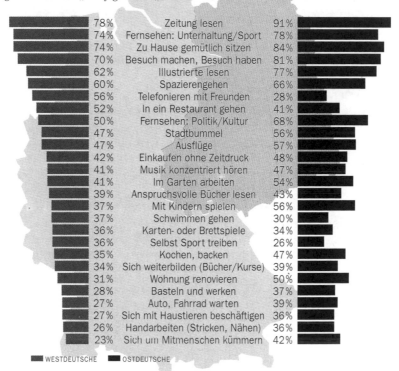

West	Tätigkeit	Ost
78%	Zeitung lesen	91%
74%	Fernsehen: Unterhaltung/Sport	78%
74%	Zu Hause gemütlich sitzen	84%
70%	Besuch machen, Besuch haben	81%
62%	Illustrierte lesen	77%
60%	Spazierengehen	66%
56%	Telefonieren mit Freunden	28%
52%	In ein Restaurant gehen	41%
50%	Fernsehen: Politik/Kultur	68%
47%	Stadtbummel	56%
47%	Ausflüge	57%
42%	Einkaufen ohne Zeitdruck	48%
41%	Musik konzentriert hören	47%
41%	Im Garten arbeiten	54%
39%	Anspruchsvolle Bücher lesen	43%
37%	Mit Kindern spielen	56%
37%	Schwimmen gehen	30%
36%	Karten- oder Brettspiele	34%
36%	Selbst Sport treiben	26%
35%	Kochen, backen	47%
34%	Sich weiterbilden (Bücher/Kurse)	39%
31%	Wohnung renovieren	50%
28%	Basteln und werken	37%
27%	Auto, Fahrrad warten	39%
27%	Sich mit Haustieren beschäftigen	36%
26%	Handarbeiten (Stricken, Nähen)	36%
23%	Sich um Mitmenschen kümmern	42%

■ WESTDEUTSCHE ■ OSTDEUTSCHE

3. Der Verfasser des Textes *Die eigenen vier Wände* spielt auf die Demonstrationen etc. der Studentenbewegung in den 60/70er Jahren an.
Was beobachten Sie jetzt in Deutschland? Hat die Entwicklung vom Öffentlichen zum Privaten angehalten? Achten Sie z.B. auf so unterschiedliche Phänomene wie: Demonstrationen, Streiks, aber auch die Beliebtheit von öffentlichen Festen und Festivals aller Art.

4. Welche öffentlichen Veranstaltungen, Feste finden Sie in Ihrer deutschen Umgebung? Überwiegen gesellschaftlich-politische oder unpolitische Veranstaltungen?

Mit amerikanischen Augen

> Schwierig war es bei vielen Deutschen, sie richtig kennenzulernen. Einladungen zum Abendessen waren seltener als Neu-Zuziehende es hier erleben würden. Das kommt wohl teilweise daher, daß die Deutschen ziemlich privat sind und ihr Privatleben für sich behalten wollen, und teilweise daher, daß sie so beschäftigt sind.

> Ich glaube nicht, daß die Deutschen kälter sind, aber sie zeigen ihre Gefühle nicht so.

> Das war eine große Umstellung. Aber es lohnt sich auch, denn es sind Verhaltensweisen, die die eigene Ruhe schützen, und das braucht man.

1. Sprechen Sie über diese Erfahrungen, Beobachtungen und Feststellungen. Welche Erfahrungen haben Sie mit Deutschen gemacht?

2. Haben Sie Lust, einige typische Situationen zu spielen?

Soziale Nähe und Distanz

1. Stellen Sie sich vor: Sie haben eine große Familie, viele Freunde und Bekannte, ein Haus mit Garten und einen Beruf. Wie reagieren Sie auf unangemeldete Besucher/innen?

2. Lesen Sie nun, wie die verstorbene DDR-Schriftstellerin Maxie Wander (1933–1977) mit solch einer Situation umgeht.

Liebe Bärbel,   29.2.73

ich muß Dir diesen Brief schreiben, weil ich Dich wahrscheinlich verletzt habe, ohne es zu wollen, aber ich konnte mich nicht anders verhalten wegen Fred. Schau, meine Lage ist die (aber ich bezweifle, ob Du es verstehen wirst, weil Du nie in dieser Lage warst, und ich bin es seit zwanzig Jahren!): Zu uns kommen fünfundneunzig Menschen, ich hab nachgezählt, manche selten, manche öfter, und alle mag ich, viele sind mir ans Herz gewachsen. Dieses gesellige Leben könnte einen Menschen voll auslasten, wie man so schön sagt, nun haben wir aber noch die verrückte Idee, zu arbeiten, was schreiben zu wollen, Kinder großzuziehen, einen Garten zu betreuen, das Haus in Schwung zu halten und den ganzen übrigen Krempel. Und das alles ist einfach unmöglich. Ich fühle mich in einem Dilemma, aus dem ich keinen Ausweg finde, schon gar nicht mit Fred. Alle Vereinbarungen, daß er mir wenigstens sagt, wann wer zu erwarten ist, hält er nicht ein, und ich fühle mich immer unter Druck, den ganzen Tag geht die Tür auf, und schon taucht wieder ein neues Gesicht auf ... Nun stell Dir vor, Bärbel, da richte ich mich vielleicht gerade aufs Schreiben ein, hab mich also mühsam herauskatapultiert, aus den vielen Eindrücken des Tages, den vielen Menschen, Schicksalen – da kommt schon wieder jemand! Wär ich in einem Hotel, könnt ich mich in mein Zimmer zurückziehen. In meinem Haus konnt ich das bis jetzt nicht. Jetzt lerne ich es, sozusagen zur Selbsterhaltung. Ich lauf manchmal nackt durchs Haus, das tu ich gern, wenn ich allein bin, oder ich hab grad Lust, mit meinem Alten ins Bett zu gehen, oder, oder, oder ... immer muß ich leider damit rechnen, daß die Tür aufgeht.

Für Fred ist es ebenso problematisch wie für mich, aber er bringt es nicht fertig, eine Änderung zu schaffen. Ach, was red ich, Barbarina, es ist ja schließlich unser Problem, warum soll ich Dich damit belasten. Es ist sowieso komisch und peinlich, Dir das zu sagen, aber ich muß es sagen, weil Du's in letzter Zeit schwer mit mir gehabt hast und weil ich nicht will, daß Du glaubst, ich hätte Dich nicht gern oder ich bin so eine schreckliche Person mit Launen. Aber wenn Du wüßtest, wie gierig ich bin auf Ruhe und Arbeit und *eigene* Zeit, die mir gehört. Ich weiß, es ist kaum zu begreifen für Dich, weil Du eher unter dem entgegengesetzten Übel leidest, – Du bist viel allein, und das stell ich mir auch schrecklich vor.

Sei mir also nicht bös und ruf an, bevor Du kommst, und dann vereinbaren wir eine Zeit, wo ich wirklich in der Lage bin, Dir zuzuhören.

Herzlichst

Maxie

3. Haben Sie Verständnis für das Verhalten der Briefschreiberin?

4. Falls Ihnen ein anderer Ausweg aus dem Dilemma einfällt, schreiben Sie doch der Schriftstellerin einen Brief.

Krempel
– *Sachen; Kram*

Persönliche Beziehungen: Duzen und Siezen

Duzen oder siezen?

1. Was für Regeln haben Sie in Ihrem Deutschunterricht gelernt? Wann duzt man, wann siezt man?

2.

Wieder mehr siezen?

Monika Frensch,
Apothekerin und Hausfrau

Es sollte noch mehr „du" gesagt werden! Man bekommt auf diese Weise schneller Kontakt zu den Menschen, Barrieren werden abgebaut, und falls man Distanz wünscht, kann man sie auch beim gegenseitigen „Du" erhalten. Außerdem hat es den praktischen Vorteil, dass man sich nur den Vornamen merken braucht.

Peter Kuhn,
Innenarchitekt

Ich bin unangenehm berührt, wenn ich von Leuten geduzt werde, die ich nicht näher kenne, Natürlich gilt das nicht für Gleichaltrige oder Leute, mit denen ich dauernden Kontakt habe. Jedenfalls ist es mir in der Regel selbstverständlich, die Menschen so lange zu siezen, bis sie mir ihr „Du" anbieten. Auch im Geschäftsbereich bin ich für das „Sie" und nicht für das kumpelhafte „Du". Das „Sie" gehört zur Höflichkeit und erzeugt eine gewisse Distanz.

Welche Kategorien werden in den Interviews genannt?

siezen	duzen

3. Wie ist wohl das „Du"
in dem Cartoon gemeint?

4. Welche Anrede halten Sie in den folgenden Situationen für die wahrscheinlichere? Warum?
Sprechen Sie über Konstellationen, das Wenn und Aber. ✍

		duzen	siezen
1.	Bankangestellte unter sich		
2.	Manager/innen bei Siemens		
3.	schwedisches Möbelhaus (in D)		
4.	US-Firma Hewlett Packard (in D)		
5.	kleines, junges Modeunternehmen		
6.	Lehrer/in – Abiturient/in		
7.	Abiturient/in – Lehrer/in		
8.	Student(inn)en vor 30 Jahren		
9.	Student(inn)en heute		
10.	Student/in – Professor/in		
11.	Grüne Parteimitglieder unter sich		
12.	SPD-Mitglieder – SPD-Vorsitzende		
13.	CDU-Mitglieder		
14.	Arbeiter/in – Arbeiter/in		
15.	Bioladen: Bedienung – Kunden		

✍
_____
Wenn und Aber
– _Bedingung; Einschränkung_
✍

5. Lesen Sie den Text. Er gibt Ihnen auch die Lösung für die ersten fünf Beispiele.

Noch darf man den Chef nicht duzen

In den meisten Betrieben gilt die Anrede Sie – Allmählicher Wandel in Sicht

Düsseldorf. Bei den einen heißt es „Guten Tag, Herr Direktor", bei den anderen „Hallo Hans". In den deutschen Firmen gehöre das Duzen zwischen Boß und Belegschaft zwar noch zur großen Ausnahme, meint der Wirtschaftspsychologe Lutz von Rosenstiel von der Universität München. Aber die Prognose sei klar: Die Manager von morgen wachsen zunehmend in einer Du-Kultur auf und werden ihre Gewohnheiten wohl auch in ihren künftigen Top-Jobs pflegen.

Allmählich könnte das Vorbild weniger Firmen, die das Du zur offiziellen Betriebsanrede gemacht haben, auch auf die noch in der Sie-Kultur lebende Wirtschaft übergreifen. Für manche Unternehmen ist das Du ein Schreckgespenst. „Es gibt Firmen, die halten hierarchischen Druck per Sie für nötig, um Schlampereien zu vermeiden", schließt Rosenstiel aus Analysen des Betriebsklimas verschiedener Unternehmen.

Selbst das vereinzelte Du unter Mitarbeitern, die sich täglich sehen und besser kennengelernt haben, werde unter Umständen nicht gern gehört, da es die Grenze zwischen oben und unten aufweiche. Gerade Banken seien fern einer Du-Kultur.

Einer der Vorreiter des Du am Arbeitsplatz ist ein auch in Deutschland tätiges schwedisches Möbelhaus. Natürlich wäre es für die Vorgesetzten leichter, Kritik an der schlechten Arbeit eines Mitarbeiters mit der Distanz des Sie anzubringen. „Aber wir muten den Führungskräften zu, Kritik mit Du zu vermitteln", erklärt Personalchef Gronholz. Auch bei einem Düsseldorfer Modeunternehmen will sich kein Chef hinter dem Sie verstecken.

Während die Modefirma – vor 16 Jahren aus einer kleinen Gruppe junger Leute entstanden – ziemlich natürlich mit dem Du umgehen kann, sind die Voraussetzungen für einen Start ins Du-Zeitalter für deutsche Traditionsfirmen wie den Elektronikkonzern Siemens ungleich schwerer.

„Als 150jähriges Unternehmen können wir nicht von heute auf morgen so tun, als wären wir eine Firma von Gleichaltrigen", gibt Siemens-Sprecher Enzio von Kühlmann-Stumm zu bedenken. Außerdem könne es beim Zwang zum Du juristische Probleme geben.

Der US-Konkurrent Hewlett-Packard hat diese Frage auf amerikanische Weise gelöst. Bei den Computerspezialisten in Böblingen nennen sich alle beim Vornamen und siezen sich gleichzeitig. *(11. 1. 91)*

6. Die meisten Deutschen meinen, bei Ihnen in den USA gäbe es keine Distanzierungsmöglichkeiten durch die Anrede. Können Sie hier ein wenig Nachhilfeunterricht geben?

Belegschaft
– *alle Beschäftigten eines Betriebs*
Gewohnheiten pflegen
– *Gewohnheiten beibehalten*
Schreckgespenst
– *Vorstellung von etwas Schrecklichem*
Schlampereien
– *Unordentlichkeit*

Fassen Sie zusammen: Welche Vorstellungen von sozialer Nähe und Distanz in Deutschland haben Sie kennen gelernt?

Vorstellung des „Partners"

Einladung

Zu diesem Seminar sind selbstverständlich auch Ihre Ehefrauen (Ehemänner) und Ihre Partnerinnen oder Partner sehr herzlich eingeladen.

Geliebter verlobter bekannter Freund

„Herr Direktor Müller, schön Sie zu sehen. Darf ich Ihnen vorstellen: mein ...", ja, was? Mein Partner? Ich brauche doch keinen Polizisten als ständigen Begleiter nach dem Motto: Hallo Partner – dankeschön. Mein Freund? Den haben höchstens Teenies. Mein Lebensgefährte? Klingt reichlich pathetisch. Mein Geliebter? Na, na! Also unverbindlich: Mein Bekannter. Lächerlich, mehr als nur bekannt miteinander sind wir sehr wohl. Wie wär's mit: Mein Verlobter? Du lieber Himmel, wie antiquiert! Das klingt nach Vergißmeinnicht-Strauß und weißen Schleifen im Haar und irgendwie unglaubwürdig für so reife Semester wie uns. Mein Mann, das wäre so einfach.

Erweist sich in diesem Fall aber auch als Notlüge, als eine Art Amtsanmaßung. Unakzeptabel. Vielleicht rettet ein Witz aus der peinlichen Begriffssuche. Das ist Herr Mayer, heute mein Chauffeur. Immerhin hat er tatsächlich den Wagen hierher gesteuert.
In solchen Momenten scheint weit und breit kein einleuchtender, triftigerer Grund fürs Heiraten ersichtlich als der, diese würdelose Stotterei endlich abstellen zu können. Oder du bleibst das nächste Mal zuhause, mein Süßer!

(16.4.88)

„Hallo Partner – dankeschön" ist ein bekannter Werbeslogan der Polizei	Amtsanmaßung – hier: *amtlich unrichtige Benennung*

1. Schreiben Sie aus dem Text alle Bezeichnungen heraus, mit denen ein nichtverheirateter Partner vorgestellt werden könnte.

Ehemann, Partner

2. Welche Ausdrücke charakterisieren die herausgefundenen Bezeichnungen?

modern, locker, unsentimental	*Partner*
antiquiert, romantisch	
anzüglich	
unverbindlich, distanziert	
pathetisch, gestelzt	
Notlüge, unzutreffend	*Ehemann*
Jugendsprache	
intim, Kosewort	
Witz	
neutral, ohne persönlichen Bezug	*Herr Mayer*

Bezeichnungen und Vorstellungssituationen

3. Deutsche stellen sich gerne vor, dass man in den USA nicht so viele Probleme mit solchen Bezeichnungen hat. Stimmt das?

4. Denken Sie sich in Kleingruppen Vorstellungssituationen aus. Spielen Sie sie und lassen Sie die Zuschauer die jeweilige Konstellation erraten.
Versuchen Sie, möglichst viele soziale Schichten und Altersstufen zu berücksichtigen, z.B. Adelige, Studenten/Studentinnen, Manager/innen ...

Hier zwei Beispiele:

Jugendliche auf einer Party: Die neue Freundin wird vorgestellt.

....

....

Ein Politiker nimmt seine Geliebte mit auf einen Kongress.

....

....

Mögliche sprachliche Mittel:

– Darf ich Ihnen ... vorstellen?
– Sie kennen sicher ... noch nicht.
– Darf ich Sie mit ... bekannt machen?
– Ach, du kennst ... noch gar nicht?
– Das ist ... – ...

Gestik:

Handkuss
Umarmung
Händeschütteln
...

1. **a)** Kennen Sie deutsche Kosenamen?

Mäuschen, Dickerchen, Schnuckel,...

b) Vervollständigen Sie die Sprechblasen in diesem Cartoon.

Kosenamen

2. Übersetzen Sie deutsche Kosenamen wörtlich ins Englische und auch englische ins Deutsche.

Beispiel:	Mäuschen	– *little mouse*
	Sweetheart	– *Süßherz*

3. Lesen Sie die folgenden Meinungen:

Christèle Betton, Studentin

Ich finde nicht, dass es lächerlich ist, aber es ist unhöflich, diese intimen Namen vor Fremden zu benutzen. Man kann Kosenamen nur vor und bei Menschen benutzen, die einem sehr nahe stehen. Aber da, wo es sein darf, kann es schon sehr niedlich klingen.

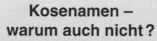

Kosenamen – warum auch nicht?

Wenn man sich lieb hat, spricht man sich gerne mit einem Kosenamen an. Das ist sicher ein schöner Brauch, solange man unter sich ist. Aber klingt es nicht komisch oder gar peinlich, wenn man sich in aller Öffentlichkeit mit Mäuschen oder Dickerchen anredet?

Lore Hartmann, Kontoristin

In der Öffentlichkeit finde ich es ein bisschen lächerlich, innerhalb der Familie kann's jeder halten wie er will. Aber wenn jemand seinen Ehepartner von gut 50 Jahren vor aller Welt „Schatzi" oder „Mausi" nennt, so ist das doch etwas peinlich. Oft bekommen auch Kinder solche Namen ein Leben lang nicht los.

Gerhart Epple Paketzusteller

Ich würde mich nicht genieren, so zu sprechen oder angesprochen zu werden, auch nicht in der Öffentlichkeit. Es kommt aber immer auf die Situation und die Stimmung an. Es könnte mich bei anderen schon zum Schmunzeln anregen, aber nicht auf böse Weise. Man sollte sich ruhig mal lächerlich machen dürfen. Dazu gehört oft mehr Mut als die ewige Angepasstheit und bürgerliche Rücksichtnahme.

peinlich
– *unangenehm; beschämend*
sich genieren
– *sich schämen; sich vor anderen Leuten unsicher fühlen*

schmunzeln
– *lächeln; in sich hineinlachen*
Angepasstheit
– *wenn man sich nach den anderen Leuten richtet*

4. Und was ist Ihre Meinung?

1. Bilden Sie zwei Gruppen. Gruppe 1 assoziiert zu dem Stichwort *friend*, Gruppe 2 zu *Freund*.

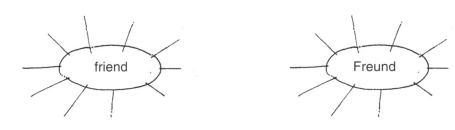

2. Gibt es signifikante Unterschiede in den Assoziationen zu den beiden Stichworten?

3. Sammeln Sie in beiden Sprachen verwandte Begriffe, und ordnen Sie sie auf beiden Skalen an.

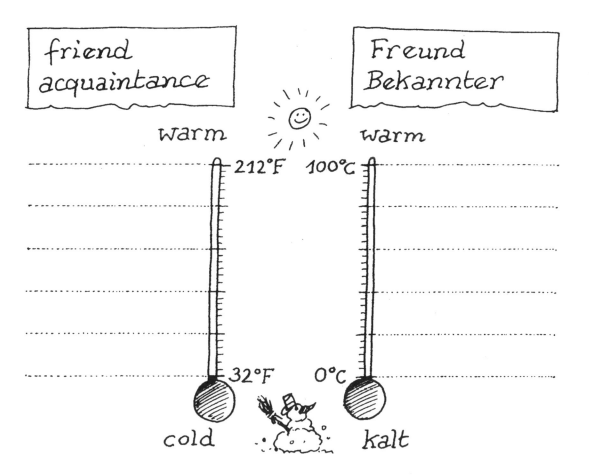

4. Der Schriftsteller Martin Walser (geboren 1927) vergleicht in *Die Amerikareise: Versuch, ein Gefühl zu verstehen* (1986) den deutschen mit dem amerikanischen Freundschaftsbegriff.

Man hört so viel über die sogenannte Oberflächlichkeit der amerikanischen Freundschaftsauffassung, daß einem daran liegen muß, diesen viel beredeten kulturellen Unterschied dem sentimentalen Gerücht zu entreißen und ihn real zu bewerten. Dort helfen die Leute einander leichter als bei uns. Das scheint
5 eine Gewohnheit zu sein von früher, als diese gegenseitige Hilfe noch dringend nötig war. Aber Europäer beklagen sich darüber, daß die amerikanische Freundschaft nicht tief genug gehe. Ich diskutierte das einmal mit einer Klasse in Kalifornien. Antworten, die mir einleuchteten: Das Amerikanische habe kein Wort für das, was wir *einen Bekannten von mir* oder *eine Bekannte*
10 nennen. Sie sagen also, kaum daß man sich kennt, *Freund*. Einer sagte, er habe friends mit großem und friends mit kleinem f. Die Klage über die Oberflächlichkeit der Freundschaft ist keine inneramerikanische. Sie wird immer von den Deutschen erhoben. Wir wollen offenbar tiefer geliebt werden als man uns liebt. Nach verschiedenen Erfahrungen hier und dort, ziehe ich
15 vor, *Freund* auf amerikanische Weise zu gebrauchen. Mit möglichst kleinem f. Meistens ist der große deutsche Anfangsbuchstabe doch viel zu groß für das, was damit bezeichnet wird. Das amerikanische f kommt mir realistischer vor. Ich habe den Eindruck, als verlasse sich der englisch Sprechende weniger auf einzelne Wörter als wir. Ich glaube, im Englischen bedürfen Wörter, um
20 verständlich zu sein, noch dringlicher des Kontextes als im Deutschen. Die Sinnlosigkeit der einzelnen Wörter, wenn sie nicht durch Umgebung bestimmt werden, also die Künstlichkeit der Sprache oder die Unnatur der Wörter überhaupt, wird, glaube ich, im Englischen deutlicher. Wir dagegen möchten gern glauben, daß es das, was die Wörter nennen, gibt, bloß weil wir die
25 Wörter dafür haben, anstatt daß wir uns endlich der Einsicht beugten: nur weil wir etwas nicht haben, haben wir die Wörter. Von Freundschaft über Liebe bis zu Gott. [...]

5. Verfolgen Sie bitte den Gang von Walsers Argumentation. Hilfreich könnte es sein, die verschiedenen Perspektiven herauszuarbeiten, aus denen die deutschen und amerikanischen Freundschaftsauffassungen dargestellt werden.

Europäer finden amerikanische Freundschaft ....

Amerikaner verstehen unter ....

6. Wie bewertet Walser die Rolle der Sprache in diesem Zusammenhang?

7. *Freundschaft* – was ist das für Sie ? Lassen Sie Ihrer Phantasie freien Lauf.

8. Betrachten Sie diese Beispiele einer Form von Freundschaftspflege.

Meine Klasse, meine Freunde:

Poesiealben sind bei Schülern wieder beliebt

Waltraud Pröve Beliebte **Verse** fürs **Poesiealbum**
Rosen, Tulpen, Nelken…
FALKEN Bücherei

Poe'sie <f. 19; i. w. S.> *Dichtkunst;* <i. e. S.> *Dichtung in Versen, in gebundener Rede;* Ggs.: Prosa; <fig.> *Stimmungsgehalt, Zauber* [von frz. *poésie* von lat. *poesis* von grch. *poiesis* „das Verfertigen, das Dichten, Dichtkunst"; zu grch. *poiein* „machen, schaffen"] **~al·bum** <n.> *Album, in das man Freunde zur Erinnerung Gedichte od. Sprüche schreiben lässt, bes. bei Kindern u. kleinen Mädchen beliebt.* **~los** <Adj.> *ohne Poesie* <fig.>, *ohne Stimmungsgehalt* **~losig·keit** <f. 20; unz.> *poesielose Beschaffenheit.*

Zum Andenken
Schmerzt Dich in tiefer Brust,
Das harte Wort „Du mußt."
So macht Dich eins nur still,
das stolze Wort „Ich will."

Gewidmet von
deiner
Schulkameradin
Christa Renz

Rhönau, den 23.2.

9. Gibt es in den USA eine vergleichbare Form von Freundschaftspflege?

10. Lesen Sie diese Verse zum Thema *Freundschaft*.

Im Alter werden Freunde selten.
Drum, die du hast, die lasse gelten!
Recht kannst du manchmal leicht behalten,
doch schwer den Freund, den guten, alten!

Der beste Weg,
Freunde zu gewinnen,
ist,
selbst ein guter Freund zu sein.

Im Glück erfährst du nicht,
wer's ehrlich mit dir meint,
nur wer im Unglück zu dir hält,
der ist dein wahrer Freund.

Freundschaft gleicht dem Wein:
In Kürze ist der Trank bereit,
doch Duft und Wert und Würze gibt
ihm erst die Zeit.

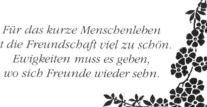

Wer offen dir die Fehler sagt,
ob es dich auch verletzt,
nicht schmeichelt oder wie's behagt,
die Worte sorgsam setzt,
der ist fürwahr weit mehr dein Freund,
als der, der schmeichelnd stets erscheint.

Wenn du dir eine Freundin suchst,
dann such dir eine echte;
denn unter 100 Freundinnen
sind 99 schlechte.

Zwei Täubchen, die sich küssen, die
nichts von Falschheit wissen,
so liebevoll und rein,
soll unsere Freundschaft sein.

Für das kurze Menschenleben
ist die Freundschaft viel zu schön.
Ewigkeiten muss es geben,
wo sich Freunde wieder sehn.

11. Alle Sprüche bitte mit viel Gefühl laut vortragen.

12. Die Tochter Ihrer Wirtsleute, ein Kind aus der Nachbarschaft, ... bittet Sie:
„Schreib in mein Album!" Leider haben Sie keinen Spruch zur Hand und müssen selber
dichten.

Fassen Sie die wesentlichen Punkte zum Stichwort *Freundschaft* zusammen.

Heiligabend der Privatheit: Weihnachten, <u>das</u> Familienfest

1. Was wissen Sie über die Art und Weise, wie die Deutschen Weihnachten feiern, und darüber, welche Bedeutung dieses Fest für die meisten von ihnen hat?

2. Weihnachten 1945: Wie war die Situation in Deutschland damals? Stellen Sie Stichworte zusammen:

8. Mai 1945: *Kapitulation; Besatzungszonen; Not; ...*

Der Schriftsteller Walter Kempowski (geboren 1929) beschreibt, wie in seiner Familie Weihnachten 1945 gefeiert wurde.

Statt Nüsse gab es geröstete Haferflocken. Mit drei Fingern wurden sie vom Teller gestippt. Gar nicht so übel. So was würde man im Frieden vielleicht auch essen. Aber – man hatte ja Frieden. Frieden? Nein. Mehr so Waffenstillstand oder wie. Ein bißchen anders als erwartet. Mutter las mal wieder die Lukas-Stelle. Und ich spielte die alten Weihnachtslieder. Wie früher Vati, mein Jung.
Christ, der Retter ist da.
Mit Vor- und Nachspiel. Großvater wiegte dazu den Kopf ...
Früher hatte er immer gesagt: Wir haben doch den schönsten Baum. Am ersten Weihnachtsfeiertag, wenn er bei seinen Brüdern gewesen war, in Wandsbek. Er hatte sich höchst befriedigt an den Tisch gesetzt, das Tranchiermesser gewetzt und gesagt: Wir haben doch den schönsten Baum. Oh, das war eine Wissenschaft. Ich weiß es noch wie heute, den Baum aussuchen ...
Die schönen Lichter, nun könne ruhig Stromsperre kommen. (Wer da wohl immer den Schalter umlegt, und was der denn wohl denkt.) Das kann dann unsern Arsch nicht kratzen, sagte mein Bruder. Und die wärmten! Eigenartig, wie die wärmten.
Ob wir nachher noch mal ein bißchen zu Subjella gingen, was hielte ich davon?
Nun heute doch nicht, Kinder! rief meine Mutter. Wir sollten man hier bleiben. Sonst wäre es doch zu trostlos. Außerdem säße der gewiß jetzt auch bei seiner Mutter und leiste ihr Gesellschaft. In dieser schweren Zeit. Weihnachten sei doch das Fest der Familie.

3. Welche Vorstellung von Weihnachten findet man bei Kempowski?

4. Rollenspiel: Familiendiskussion vor dem deutschen Weihnachtsfest

a) Einige Familienmitglieder möchten Weihnachten dieses Jahr anders begehen. Notieren Sie Möglichkeiten für ein „alternatives" Weihnachtsfest.

Sie möchten z.B.:

– ein Hausfest mit allen Nachbarn machen

– ausgehen

– ....

– ....

b) Sammeln Sie Argumente, die in der Familiendiskussion fallen könnten, z.B.:

– Nein, Weihnachten bleiben wir unter uns. – Es ist doch das Fest der Familie.

– Dann gehen wir uns wie jedes Jahr auf die Nerven.

– ....

– ....

c) Verteilen Sie nun die Rollen und spielen Sie die Familiendiskussion.

5. Fragen Sie Deutsche, wie offen Weihnachten in Deutschland für Außenstehende ist.

1992

6. Welches sind <u>die</u> Familienfeste in den USA? Wie werden sie gefeiert?

Tabuthemen

1. Lesen Sie diese Meinungen.

Annette Uber, Angestellte

Daheim sage ich es auf alle Fälle. Im Geschäft vor Kollegen rede ich nicht darüber, es sei denn mit meiner nächsten Kollegin. Fremden würde ich es auf keinen Fall erzählen, denn es gehört zur Privatsphäre, die andere nichts angeht.

Edith Werner, Rentnerin

Ich empfinde es immer noch als ein Tabuthema. Was ich verdiene, geht andere Leute nichts an. In der Familie, ja da soll man in diesem Punkt offen sein. Aber mit Fremden darf man nie über Geldverdienen reden. Wenn Männer ihre Einkommenshöhe zu Hause verschweigen, dann wohl deshalb, weil sie das Geld selber ausgeben wollen. Bei uns wurde das nie verschwiegen.

Übers Geldverdienen reden?

„Gold und Silber lieb ich sehr, kann's gar wohl gebrauchen", heißt es im Lied, und bei Geld dürfte es sich bei den meisten von uns nicht anders verhalten. Geld lieben ist eine Seite, von Geld reden eine andere, und besonders vom Geldverdienen. Es soll sogar Männer geben, die ihrer Frau verschweigen, was sie verdienen.

Helga Kaufmann, Bürogehilfin

Mit Freunden und dem Ehemann würde ich schon offen drüber reden, aber mit Fremden auf keinen Fall. In Amerika macht man da ja kein Tabu daraus. Ich denke mir aber, das Leben besteht nicht nur aus dem Thema Geld, es gibt noch anderes.

Rüdiger Weißhaar, Lebensmittel-chemiker

Ich finde es selbstverständlich, dass man in Familie und Partnerschaft darüber spricht. Bei Freunden und Bekannten ist schon ein gewisses Maß an Vertrautheit nötig, um frei über dieses Thema zu reden. Insgesamt ist man in diesen Dingen in Europa vielleicht verklemmter als in Amerika, aber wir haben hier eben in vielen Dingen eine andere Tradition.

2. Was halten Sie von den Meinungen, die in den Umfrageantworten über das Verhältnis der Amerikaner zum Thema Geld geäußert werden?

3. Worüber sprechen Deutsche, worüber lieber nicht? Welche Beobachtungen haben Sie gemacht?

4. Hören Sie sich um und füllen Sie – in Stichworten – die folgende Tabelle aus, soweit es Ihnen möglich ist.

Worüber Deutsche sprechen	oft	selten	gar nicht
Mit anderen Deutschen: - in der Familie			
- unter Freunden			
- im Bekanntenkreis			
- unter Kollegen			
- mit Fremden (z.B. im Bus, Zug etc.)			
Mit Ausländern: - mit Ihnen selbst			
- mit anderen Ausländern			

5. Vergleichen Sie Ihre Ergebnisse mit denen eines deutschen Psychologieprofessors aus dem Jahr 1987. Welche „Hitliste" der Tabuthemen stellt er auf?

Tabu-Themen der Deutschen

Das vermeintliche Tabu-Thema Nummer eins, der Sex, ist dies gar nicht (mehr). Noch viel weniger gern enthüllen die Deutschen nämlich, wie es um ihre Gewohnheiten am ohnehin so genannten „Stillen Örtchen" bestellt ist. Dies geht aus einer Untersuchung von Prof. Dr. Bernd Gasch vom Fach Psychologie hervor, der einmal genau wissen wollte, worüber man am liebsten nicht spricht. Auf dem 35. Kongreß der Deutschen Gesellschaft für Psychologie in Heidelberg hat er die von ihm so ermittelte „Hitliste" der am meisten tabuisierten Themen in der BRD kürzlich vorgestellt.

vermeintlich
– irrtümlich vermutet
das „Stille Örtchen"
– die Toilette

Danach folgten nach Toilettengewohnheiten und Sex der Bereich Blamagen und beschämende Vorgänge, politische Meinungen, Phantasien und Tagträume, aggressive Gedanken, Menstruation, Körperbild und Parapsychologie. Relativ zugänglich sind die Deutschen hingegen bei Fragen nach ihren guten und schlechten Eigenschaften sowie Erfolgen, Fehlschlägen, ferner wenn es um Körperhygiene, Ängste, die elterliche Familie und die eigene finanzielle Austattung geht. Wie der Berufsverband Deutscher Psychologen, Bonn, dazu weiter mitteilt, ist die Hemmschwelle gegen- über Themen wie Drogen, Tod, Religion und Schulerfahrungen nicht sehr groß.

Zur Überraschung von Gasch stellte sich zudem heraus, daß entgegen amerikanischen Untersuchungen zumindest hierzulande die Frauen noch weniger gern über Tabu-Themen reden als Männer. Jedenfalls galt dies in der Untersuchung des Dortmunder Psychologen für 23 von 25 Themen. Die einzigen Ausnahmen bildeten „Weinen als Erwachsener" und „Menstruation", über die Männer seltener als Frauen mit einer kompetenten Person sprechen wollten. [...]

Blamage
– *peinliche Situation*

Hemmschwelle
– *innere Kontrolle*

6. Tabuthemen in den USA:
Welche Empfehlungen oder Warnungen würden Sie Deutschen geben, die einen Amerikaaufenthalt planen und wissen möchten, worüber sie in den USA (nicht) sprechen können/dürfen – mit wem, bei welcher Gelegenheit?

Vergleich: Bundesrepublik Deutschland - USA

Extent of State Ownership

	Posts	Tele-communications	Electricity	Gas	Oil production	Coal	Railways	Airlines	Motor industry	Steel	Ship-building
West Germany	●	●	◔	◑	◔	◑	●	●	◔	○	◔
United States	●	○	◔	○	○	○	◔	○	○	○	○

Privately owned ○   Publicly owned ●   75% ◕   50% ◑   25% ◔

Diese Tabelle stammt aus dem Jahr 1978. Seitdem haben sich in der Bundesrepublik Deutschland in einigen Bereichen erhebliche Veränderungen ergeben: Stichwort „Privatisierung".
Die Privatisierung ist vor allem in der ehemaligen DDR, in der alles in staatlicher Hand war, ein einschneidender Vorgang.

1. Sammeln Sie Angaben und Beispiele zu diesem Thema. Denken Sie dabei auch an andere Bereiche wie Schulen, Universitäten, Gesundheitswesen, Kinderbetreuung, Altenpflege, Umweltschutz etc.

Hier zwei Beispiele:

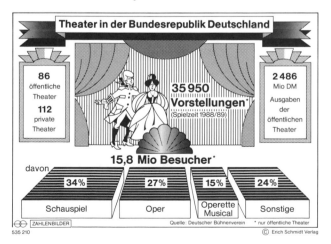

Theater in der Bundesrepublik Deutschland

86 öffentliche Theater
112 private Theater

35 950 Vorstellungen*
(Spielzeit 1988/89)

2 486 Mio DM
Ausgaben der öffentlichen Theater

15,8 Mio Besucher*

davon: Schauspiel 34% | Oper 27% | Operette Musical 15% | Sonstige 24%

ZAHLENBILDER
535 210
Quelle: Deutscher Bühnenverein   * nur öffentliche Theater
© Erich Schmidt Verlag

Zur Ankurbelung von Investitionen in Ostdeutschland

Bundestag erleichtert Privatisierung

Bis Ende 92 Ausnahmen vom Prinzip Rückgabe gegen Entschädigung

Bonn (dpa) - Der Bundestag hat am Freitag das umstrittene Gesetzespaket zur schnelleren Privatisierung von Unternehmen und Grundstücken in den neuen Bundesländern beschlossen. Grundsätzlich bleibt es bei „Rückgabe vor Entschädigung". Bis Ende 1992 sind allerdings viele Ausnahmen erlaubt. Zur Erhaltung von Arbeits...

Die SPD kritisierte die Außerkraftsetzung des Kündigungsschutzes nach Paragraph 613a des Bürgerlichen Gesetzbuches (BGB) für Konkursfälle als unnötige Einschränkung von Arb... nehmerrechten.

Die stellvertre... SPD-Fraktion... de Herta ... Gmeli... G...

---

2. Diskutieren Sie über Nachteile und Vorzüge der Privatisierung von öffentlichen Institutionen.

1. Wie stellen Sie sich den deutschen Staat als Person vor?
Zeichnen Sie diese Person und geben Sie ihr einen Namen. Vergleichen Sie die Ergebnisse in der Gruppe.

(Auf der nächsten Seite können Sie nachlesen, welche Vorstellung der Schriftsteller Thomas Mann vom deutschen Staat hatte.)

Die Meinung einer ausländischen Studentin zum Verhältnis der Deutschen zum Staat:

> Und die Deutschen lassen sich viele Sachen vom Staat oder von den Behörden verordnen. Hier ist, finde ich, alles durch irgendwelche Institutionen geregelt. Staat als etwas Übergeordnetes sorgt vor und für seine Bürger. Und die Leute verlassen sich auch darauf.

2. Im Deutschen gibt es die Wendung „Vater Staat". Was, glauben Sie, sind die Assoziationen, die sich damit verbinden?

„Vater Staat"

Was verbinden Sie mit dem (nicht gebräuchlichen) Gegenbegriff „Mutter Staat"?

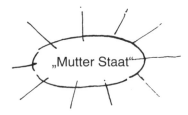

„Mutter Staat"

3. **Worum geht es in der Anzeige bzw. in dem Cartoon?**

Kann Vater Staat unbegrenzt für seine Kinder aufkommen?

Mit jedem Kind, das bei uns geboren wird, übernimmt der Staat Sorgepflichten. Hierzu zählt auch die gesetzliche Altersvorsorge.

Der Generationenvertrag, auf dem das heutige Rentensystem aufbaut, wirft jedoch in Zukunft Probleme auf: Weil die Geburtenziffern schon lange zu niedrig sind und die Lebenserwartung weiter steigt, müssen später die Arbeitnehmer immer mehr Rentner versorgen.

Um so wichtiger, daß wir schon heute mit der eigenverantwortlichen Vorsorge ernst machen.

Die Lebensversicherung ist dafür ideal geeignet. Denn neben einem sofortigen Risikoschutz bietet sie eine langfristige Vermögensbildung, die dank der hohen Überschußbeteiligung ein beachtliches Vorsorgekapital fürs Alter ergibt.

Also: Rente ist gut. Zusätzlich eine Lebensversicherung ist besser.

Weitere Informationen erhalten Sie beim Verband der Lebensversicherungs-Unternehmen e.V., Pressestelle, Eduard-Pflüger-Str. 55, 5300 Bonn

Lebensversicherung

Leben braucht Sicherheit.

Schutz des Lebens

4. **Entspricht diese Verwendung des Begriffes „Vater Staat" den Assoziationen, die Sie erarbeitet haben?**

Hier nun die Vorstellung von Thomas Mann (1875 - 1955):

In einer Jugenderinnerung hat Thomas Mann geschildert, dass er sich als Knabe den Staat gern personifiziert vorstellte, als General Dr. von Staat. Im Frack mit Vollbart und Sternen auf der Brust, versehen mit akademischen und militärischen Titeln: der Staat als männlicher Würdenträger.

Das Foto zeigt eine Orientierungstafel in einem Rathaus:

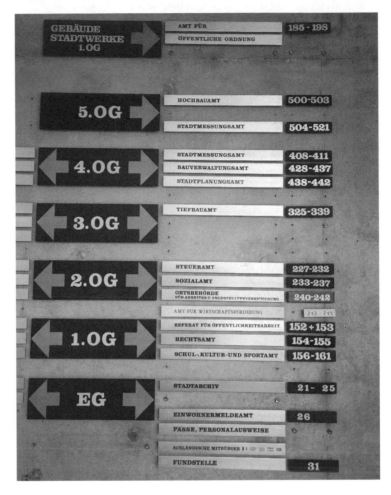

5. Ordnen Sie die einzelnen Ämter den Begriffen „Vater Staat" und „Mutter Staat" zu. Wo gibt es Überschneidungen?

„Vater Staat"	„Mutter Staat"

6. Mit welchen deutschen Behörden haben Sie zu tun gehabt? Welche Erfahrungen haben Sie gemacht?

„Vater Staat": Eine historische Erbschaft

1. Beschreiben Sie das Bild. Versuchen Sie eine historische Einordnung. Um welche Personen handelt es sich? Wie beurteilen Sie das Verhältnis der beiden Personen zueinander? Wodurch drückt es sich aus?

2. Stellen Sie Vermutungen darüber an, wie sich früher das Verhältnis von Obrigkeit und Untertanen im alltäglichen Leben darstellte.

3. Lesen Sie den folgenden Textauszug von Karl Marx (1818-1883). Unterstreichen Sie die erwähnten Interventionen des Staates und vergleichen Sie sie mit Ihren Vermutungen.

 Bei jedem ihrer Schritte, selbst bei einer einfachen Ortsveränderung, tritt die allmächtige Bürokratie in Aktion, diese zweite Vorsehung echt preußischer Herkunft. Man kann weder leben noch sterben, weder heiraten, Briefe schreiben, denken, drucken, sich Geschäften widmen, lehren oder lernen, eine Versammlung einberufen, eine Fabrik bauen, auswandern, noch überhaupt irgendetwas tun ohne eine „obrigkeitliche Erlaubnis".

4. In welche der im Text genannten Bereiche sollte sich der Staat Ihrer Meinung nach nicht einmischen?

Der Überwachung wurde in (Alt-) Württemberg eine zentrale Bedeutung zugemessen. Hier konnte man nicht, wie man wollte. (Ob man überhaupt anders wollte, bleibt dahingestellt.) „Faulenzer" fielen sofort auf und wurden vom Kirchenkonvent (und nicht nur von diesem) abgemahnt. Auch staatliche Stellen halfen bei der Überwachung und Durchsetzung einer disziplinierenden (Arbeits-)Moral kräftig mit. Eine Unmenge von Vorschriften und Verhaltensvorgaben waren erlassen und vom Einzelnen zu berücksichtigen. „Am folgenreichsten jedoch war vermutlich das Generalrescript von 1781 gegen die ‚Übelhäuser', wonach jedermann, der seine Landwirtschaft schlecht betrieb, enteignet und zum Militär eingezogen werden konnte. Wer solche ‚Übelhäuser' der Obrigkeit anzeigte, erhielt zur Belohnung ein Drittel des eingezogenen Gutes."

Wer wagte es da, seine häusliche Wirtschaft noch zu vernachlässigen? Jeder überwachte jeden, vor jedem musste man sich in Acht nehmen, jedem musste man zeigen (oder zumindest so tun), dass man (immer) schwer arbeitete, Müßiggang, wenn überhaupt gepflegt, durfte nicht offenkundig werden.

Natürlich hat dieser „Übelhäusererlass" heute offiziell seine Gesetzeskraft verloren – doch sicherlich nicht seine Absicht und Wirksamkeit.

abmahnen
– *jemanden unter Androhung von Strafe erinnern, etwas zu tun*
Übelhaus
– historisch: *Haushalt, der nicht gut geführt ist*

5. Formulieren Sie noch einmal mit eigenen Worten den Inhalt des Generalrescripts von 1781. Wie empfinden Sie dieses Gesetz und welche Wirkung hatte es auf das Zusammenleben der Menschen in (Alt-)Württemberg?

6. Im weiteren Text wird behauptet, dass das Gesetz (Generalrescript) in der Mentalität der Schwaben bis heute nachwirkt. Wie könnte sich dies ausdrücken?

Zwar sind die Formen der Bestrafung andere geworden, sozialer Druck löste die juristische Bestrafung ab, doch Sinn und Zweck des Erlasses leben im Bewusstsein der Bevölkerung weiter. Ob „Kittelschurz", die Hacke über der Schulter oder die „Kehrwoche", es darf beim Nachbarn ja nicht der leiseste Eindruck entstehen, als arbeitete man gerade nicht. Bis auf den heutigen Tag gilt so das Faulsein, das ‚Nicht-Schaffen', als schlimmstes Vergehen, und nach wie vor beäugt man sich gegenseitig misstrauisch.

Kehrwoche
– *In einem Mietshaus ist jede Woche eine Hauspartei für die Reinigung der Treppe verantwortlich.*

7. Bei der Kehrwoche treffen sich die Nachbarn auf der Straße. Schlüpfen Sie in die Haut eines schwäbischen Dorfbewohners. Welcher Dialog könnte sich ergeben?

8. Was meinen Sie zu solchem Verhalten?

„Vater Staat": Kontrolle

**Bettina Müller,
Schülerin**

Ich finde es zum Beispiel eine Sauerei, dass Flohmärkte am Sonntag verboten wurden. Es ist doch keine Beeinträchtigung für die Leute, mal einen Tag lang Leben vor der Haustür zu haben. Andere Sachen werden dagegen überhaupt nicht verboten, so die Raserei vor Kindergärten und Schulen. Die Regeln werden falsch erlassen und falsch angewandt.

Wird zu viel reglementiert?

Ohne Gesetze und Bestimmungen kann eine hoch industrialisierte Gesellschaft mit ihren unterschiedlichen Interessen, wie wir sie in der Bundesrepublik haben, nicht funktionieren. Dennoch hat man den Eindruck, dass immer mehr reglementiert wird, bis in den privaten Bereich hinein.

**Jörg Eisele,
Auszubildender**

Der Staat greift immer mehr in die Privatsphäre der Menschen ein, weil unsere Konsumgesellschaft dazu zwingt und weil die halblegalen Sachen immer größer werden. Ich finde es gar nicht gut, aber der Mensch ist von Haus aus unvernünftig. Deshalb ist es eine Aufgabe des Staates, den Menschen zu leiten. Aber es gibt auch Freiräume, die zu stark eingeengt werden.

Thomas Marek, Sportler

Es gibt von staatlicher wie von privater Seite zu viele Interessen, die oft im Widerstreit liegen. Entscheidungen müssen sein, können aber nicht jedem gerecht werden. Sie sollten vor allem nicht in jeden Bereich des Alltagslebens eingreifen. Es war noch nie möglich, alle Interessen unter einen Hut zu bringen. Aber in Deutschland geht's noch, anderswo ist es noch schlimmer.

1. Notieren Sie die Hauptinformationen aus den Interviews.

Es stört, wenn Flohmärkte sonntags verboten werden.

2. Spielen Sie Reporter/in. Gehen Sie zu jemandem in der Gruppe und fragen Sie ihn/sie nach seiner/ihrer Meinung, zuerst zu Deutschland (soweit Sie Erfahrungen gesammelt haben), dann zu den USA. „Veröffentlichen" Sie Ihre Ergebnisse.

3. Fragen Sie Deutsche nach ihrer Meinung zu staatlichen Reglementierungen.

4. Was kontrolliert der deutsche Staat bei einem Umzug? Entnehmen Sie die Informationen dem Formular und dem Text.

Wer eine Wohnung bezieht, hat sich innerhalb einer Woche bei der Meldebehörde anzumelden (§ 15 Abs. 1 des Meldegesetzes)

ANMELDUNG

Rechtsgrundlage für die Erhebung der nachfolgend aufgeführten Daten ist § 5 in Verbindung mit § 4 des Meldegesetzes vom 11. April 1983 (GBl. S. 117).

Bitte lesen Sie vor dem Ausfüllen die Erläuterungen auf der Rückseite der Anmeldebestätigung. Die in einen Kreis gesetzten Ziffern beziehen sich auf diese Erläuterungen.

Eingangsstempel / *für amtliche Vermerke*

Bitte in Druckschrift kräftig durchschreiben. / Nachdruck verboten!

Neue Wohnung
Tag des Einzugs: ....

Gemeindekennzahl ❹ 08.4.16.041 Gemeindekennzahl

Bisherige Wohnung ❺
Nicht ausfüllen, wenn bisherige Wohnung beibehalten wird.

PLZ, Gemeinde
7400 Tübingen

PLZ, Gemeinde

Gemeindeteil, Straße, Hausnummer, Wohnungsnummer

Straße, Hausnummer, Wohnungsnummer

Wohnungsgeber ❻ (Namen und Anschrift)

Bundesland (bei Zuzug aus dem Ausland: Staat angeben)

Zu lfd. Nr. **Nur ausfüllen, wenn die unten aufgeführten Personen neben der neuen Wohnung noch weitere Wohnungen im Bundesgebiet haben.**
PLZ, Gemeinde, Straße, Hausnummer ❼

Für Verheiratete, die nicht dauernd getrennt leben: Welche Wohnung wird von der Familie vorwiegend benutzt?
bisher: | künftig:

Für alle übrigen Personen: Welche Wohnung wird vorwiegend benutzt?
bisher: | künftig:

Die Anmeldung bezieht sich auf folgende Personen:

Lfd. Nr.	Familiennamen (ggf. auch abweichende Geburtsnamen) 1	Vornamen (Rufnamen unterstreichen)		Geburtsdatum Tag | Monat | Jahr 2	Hier
1			☐ männl. ☐ weibl.		keine
2			☐ männl. ☐ weibl.		
3			☐ männl. ☐ weibl.		Einträge
4			☐ männl. ☐ weibl.		
5			☐ männl. ☐ weibl.		

Lfd. Nr.	Geburtsort (Gemeinde, Kreis; falls Ausland, auch Staat angeben) 3	led. verh. verw. gesch. 4	Familien-Stand *seit Tag Monat Jahr 5	Religionsgesellsch. 6	erwerbstätig 7	Beruf ❽ 8	Staatsangehörigkeit(en) ❾ 9

Wohnungswechsel

Was Sie darüber wissen sollten

Ein **Wohnungswechsel** ist mit **Abmeldung** am alten und **Anmeldung** am neuen Wohnort verbunden. Eine **Ummeldung** erfolgt bei Umzug innerhalb der Gemeinde. Die Meldefrist beträgt eine Woche.

Der Bezug einer weiteren Wohnung (Zweitwohnung) am zusätzlichen Wohnort ist bei der Gemeindeverwaltung (Einwohnermeldeamt bzw. Meldestelle) anzumelden. Schulpflichtige Kinder sind bei den jeweiligen **Schulen** am alten bzw. neuen Schulort ab- und anzumelden.

Personen, die der **Wehrüberwachung** unterliegen, müssen ihren neuen Wohnsitz innerhalb von acht Tagen melden.

Bei Umzug in einen anderen Stadt- oder Landkreis müssen Sie Ihr **Fahrzeug ummelden.** An Ihrer Stelle kann auch ein schriftlich bevollmächtigter Vertreter tätig werden. Bei der Ummeldung wird Ihnen ein neues KfZ-Kennzeichen zugeteilt.

Bei Umzug innerhalb eines Stadt- oder Landkreises ist der Fahrzeugschein ändern zu lassen.

5. Wer entwirft das unmöglichste Formular? Hier ein Vorschlag: „Quarkesserlaubnis". Machen Sie auch Angaben dazu, was der oder die Antragsteller/in mitbringen muss.

1. Laufen Sie durch den Raum und stellen Sie auf ein Zeichen hin dar, was Sie zu den Begriffen *Ordnung* und *ordentlich* assoziieren. Sprechen Sie in der Gruppe über Ihre Vorstellung von Ordnung.

Wenn es Ihnen lieber ist, können Sie auch aufschreiben, was Sie sich vorstellen.

2. Lesen Sie den Text von Reiner Kunze (geboren 1933) aus dem Jahr 1976:

Ordnung

Die Mädchen und Jungen, die sich auf die Eckbank der leeren Bahnhofshalle setzten, kamen aus einem Jazz-Konzert. Ihr Gespräch verstummte rasch. Einer nach dem anderen legten sie den Kopf auf die Schulter ihres Nebenmanns. Der erste Zug fuhr 4.46 Uhr.

Zwei Transportpolizisten, einen Schäferhund an der Leine, erschienen in der Tür, wandten sich der Bank zu und zupften die Schlafenden am Ärmel. „Entweder Sie setzen sich gerade hin, oder Sie verlassen den Bahnhof. Ordnung muß sein!"

„Wieso Ordnung?" fragte einer der Jungen, nachdem er sich aufgerichtet hatte. „Sie sehen doch, daß jeder seinen Kopf gleich wiedergefunden hat."

„Wenn Sie frech werden, verschwinden Sie sofort, verstanden?" Die Polizisten gingen weiter.

Die jungen Leute lehnten sich nach der anderen Seite. Zehn Minuten später kehrte die Streife zurück und verwies sie des Bahnhofs.

Draußen ging ein feiner Regen nieder. Der Zeiger der großen Uhr wippte auf die Eins wie ein Gummiknüppel.

3. Haben Sie Lust, die Situation aufzuführen?

4. Das Amt für öffentliche Ordnung der Stadt Tübingen erteilte eine Erlaubnis für folgende Kunstaktion zum Thema Ordnung:

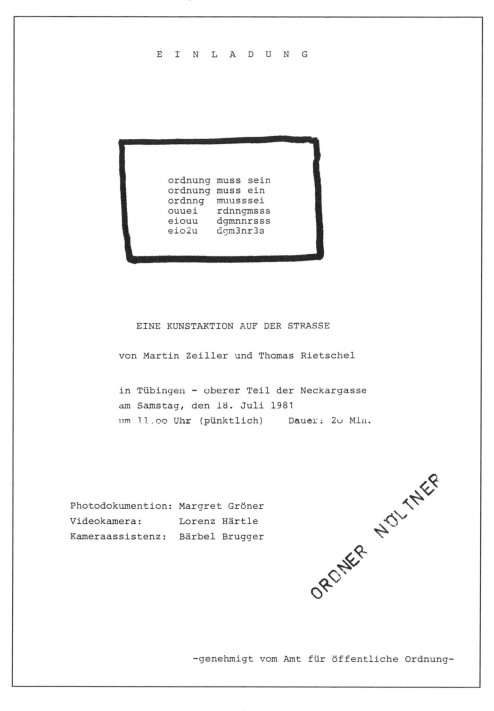

E I N L A D U N G

```
ordnung muss sein
ordnung muss ein
ordnng  muusssei
ouuei   rdnngmss
eiouu   dgmnnrsss
eio2u   dgm3nr3s
```

EINE KUNSTAKTION AUF DER STRASSE

von Martin Zeiller und Thomas Rietschel

in Tübingen - oberer Teil der Neckargasse
am Samstag, den 18. Juli 1981
um 11.00 Uhr (pünktlich)   Dauer: 20 Min.

Photodokumention: Margret Gröner
Videokamera: Lorenz Härtle
Kameraassistenz: Bärbel Brugger

ORDNER NÖLTNER

-genehmigt vom Amt für öffentliche Ordnung-

5. Was glauben Sie, in welcher Form eine solche Genehmigung erteilt wird?

Welche Punkte werden wohl in einer solchen Erlaubnis erwähnt?

Die tatsächliche Genehmigung:

BÜRGERMEISTERAMT
DER UNIVERSITÄTSSTADT TÜBINGEN

Bürgermeisteramt Tübingen · Postfach 2540 · 7400 Tübingen 1

Herrn
Thomas   R i e t s c h e l
Gartenstraße 27

7400 Tübingen

Sprechzeiten:
Montag - Freitag 8.00 - 11.30 Uhr
Amt f. öffentl. Ordnung zusätzlich
Dienstag 14.00 - 17.00 Uhr

Sachbearbeitende Dienststelle
Amt für öffentliche Ordnung
Wilhelmstraße 24

Gesch. Zeichen
32/50-07   ha-ma

Sachbearbeiter
Herr Hartl

Anlagen	Datum und Zeichen Ihres Schreibens	Fernschreiber 7 - 262 864 ttue	Datum
-	13.7.1981	☎ (0 70 71) 204 632	16. 7. 1981

Betrifft:
Kunstaktion am 18. 7. 1981

Sehr geehrter Herr Rietschel,

aufgrund Ihres Antrags erhalten Sie gemäß § 29 Abs. 2 Straßenverkehrsordnung in Verbindung mit § 18 Abs. 1, 2 und 3 des Straßengesetzes von
Baden-Württemberg die

            E r l a u b n i s ,

in der Neckargasse im Bereich der Stiftskirchenmauer eine Kunstaktion
durchzuführen.

1. Befristung

   Diese Erlaubnis gilt am 18. 7. 1981 zwischen 11 und 11.30 Uhr. Sollte
   die Wetterlage die Durchführung der Kunstaktion nicht ermöglichen,
   kann sie um eine Woche verschoben werden.

2. Auflagen

   2.1. Eine Mindestdurchfahrbreite von 3 m ist zu gewährleisten.

- 2 -

2.2. Die zur Durchführung der Kunstaktion benötigte Fläche
     ist abzugrenzen.

2.3. Der ursprüngliche Zustand der öffentlichen Verkehrsfläche ist
     nach Beendigung der Kunstaktion unverzüglich wieder herzustel-
     len.

2.4. Diese Erlaubnis wird auf die Gefahr des Antragstellers er-
     teilt. Die Stadt Tübingen ist von allen Ersatzansprüchen
     - auch Dritter -, die im Zusammenhang mit dieser Erlaubnis
     gegen sie erhoben werden kann, freizustellen.

3. Gebührenfestsetzung

   Die Gebühr wird erlassen, da die Veranstaltung im überwiegend
   öffentlichen Interesse durchgeführt wird (§ 4 Abs. 8 der Satzung
   der Stadt Tübingen über Erlaubnisse und Gebühren für Sondernutzun-
   gen an öffentlichen Straßen)

4. Rechtsbehelfsbelehrung

   Gegen diesen Bescheid kann innerhalb eines Monats, vom Tage der
   Bekanntgabe, Widerspruch erhoben werden. DEr Widerspruch ist
   schriftlich oder mündlich zur Niederschrift beim Bürgermeisteramt
   Tübingen, Am Markt 1, 7400 Tübingen, einzulegen.

Mit freundlichen Grüßen
Im Auftrag

(Hartl)

6. **Welche Bereiche werden in der Erlaubnis geregelt? Notieren Sie die Hauptstichworte.**

7. **a)** Was halten Sie von dem Stil des Schreibens vom Amt für öffentliche Ordnung der Stadt Tübingen?

 b) Formen Sie die Nominalstrukturen aus dem Amtsschreiben um.

die Durchführung der Kunstaktion *die Kunstaktion durchführen*

c) Suchen Sie alle *ist ... zu*-Konstruktionen heraus, und versuchen Sie, einen Ersatz zu finden.

ist zu gewährleisten *muss ... sein*

d) Im Text wimmelt es von „Wortmonstern". Wo sind sie? Und was bedeuten sie?

Straßenverkehrsordnung ist eine gesetzliche Regelung, in der das Verhalten im Straßenverkehr geregelt ist.

8. Entwirren Sie dieses „Gedicht" von Otto Köhler aus dem Jahr 1974 : Worum geht es eigentlich? Kann man „so etwas" überhaupt Gedicht nennen?

Genitiv amtlich

Im Zuge der Abwicklung der
darauffolgenden Vorhaben,
entsprechend der
Kostenschätzung des
städt. Tiefenbauamtes,
soweit diese zum
Zeitpunkt des
Inkrafttretens der
Vereinbarung innerhalb der
Gemeinden anfielen, deren
Behörden der
Fachaufsicht der
Ämter des
Baudezernates
unterstehen,
wird der
Bestimmung entsprochen, in
welcher zeitlichen Reihenfolge
die Vorhaben der
örtlichen Angelegenheiten
durchgeführt werden
sollen.

9. Lesen Sie den folgenden Text nicht Wort für Wort: Bestimmt kennen Sie den Inhalt – in anderer Form. Um welche Geschichte handelt es sich?

Im Jugendanfall der hiesigen Gemeinde wurden zwei amtsbekannte minderjährige Streuner dem Jugendrichter zustellig gemacht, wo sie bereits aktenkundig vorlagen mit der Auflage, nach ordnungsgemäßer Einvernahme sowie richterlicher Belehrung den wahrheitsgemäßen Vorgang einer bereits vollzogenen Straftat mit tödlichem Ausgang zu Protokoll zu nehmen.

Laut durch amtliche Zeugeneinvernahme beglaubigter Aussage haben die minderjährigen H. und G., ersterer männlichen, letztere weiblichen Geschlechts, beide weder auf Gemeinde- noch Kreisebene gemeldet, ohne festen Wohnsitz, der Jugendfürsorge wegen mangelnder elterlicher Aufsicht anhängig, auf unterer sozialer Ebene als Kinder eines Gelegenheitsarbeiters und dessen Ehefrau, beide unbemittelt und Gewohnheitstrinker, aufgewachsen, in Vortäuschung Mitleid erregender Bedürftigkeit, die in ihrem Waldgrundstück wohnhafte Süßwarenhändlerin H. mit Tötungsabsicht aufgesucht und dieselbe zur Ausführung gebracht.

Die von diesem Besuch nicht vorher in Kenntnis gesetzte, stark geh- und sehbehinderte Seniorin H., langzeitmäßig als nicht unvermögende Rentnerin im gemeindlichen Forstbezirk allein stehend ansässig, konnte in der Vorsprache der jugendlichen Unholde zunächst keine straffällige Absicht erkennen und stellte ihr Süßwarenangebot zwecks Nahrungsaufnahme zur freien Verfügung derselben.

Nach erfolgter Sättigung stieß die durch Einvernahme des reichhaltigen Konfitürensortiments der Süßwarenhändlerin H. hinreichend gestärkte G. erstere in den zu Heizungszwecken für die Herstellung von Teigwaren befeurungsfertig gemachten Backofen und verschloss denselben mit der feuerpolizeilich genehmigten Sicherheitsverriegelung. Die Proteste der Süßwarenhändlerin wurden sowohl von dem mit Vorsatz tätigen H. wie auch von seiner Komplizin G. abschlägig beschieden, sodass die H. brandweise zu Schaden kam und ablebig wurde.

Die gerichtlich protokollierte Behauptung des H. und der G., derzufolge die noch ledige Süßwarenhändlerin H. den H. zu Mästungszwecken in einem zur Geflügelaufzucht amtlich zugelassenen Käfig hat sperren wollen, wurde gerichtlicherweise dem Zuständigkeitsbereich des Märchens überstellt.

10. Welche Elemente der Amtssprache fallen Ihnen neben den bereits erwähnten noch auf?

1. Betrachten Sie das folgende Schaubild. Wie könnte es weitergehen?

2. Die folgende Grafik zeigt das soziale Netz der Bundesrepublik Deutschland im Jahre 1990.

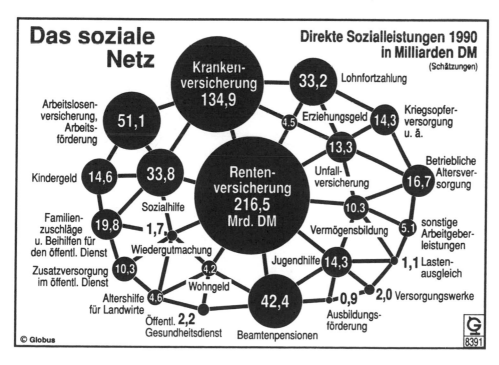

3. Welche sozialen Leistungen des Staates gibt es auch in den USA, welche nicht?

4. Wofür wird die Differenz von Bruttolohn und Nettolohn verwendet?

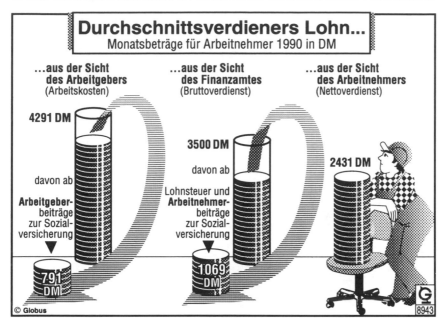

Kein Wunder, wenn Arbeitgeber und Arbeitnehmer so oft aneinander vorbeireden, wenn's um den Arbeitsverdienst geht. Der Chef stöhnt über die hohen Löhne, der Mitarbeiter fühlt sich oft unterbezahlt. Vom Aufwand für Arbeitslohn, wie er in den Büchern des Arbeitgebers steht, kommen nämlich nur 57 Prozent beim Arbeitnehmer an. So errechnet es sich aus den Arbeitnehmerverdiensten 1990 in den alten Bundesländern. Monatlich 4.291 DM mussten die Arbeitgeber durchschnittlich für jeden Arbeitnehmer aufwenden. Auf der Lohnabrechnung tauchen davon nur 3.500 DM auf, denn die Arbeitgeberanteile zur Sozialversicherung – Renten-, Kranken- Arbeitslosen- und Unfallversicherung – in Höhe von 751 DM gehören nicht zum Bruttoverdienst, wie ihn das Finanzamt sieht. Nach Abzug der Lohnsteuer und der Arbeitnehmeranteile zur Sozialversicherung bekam der Arbeitnehmer schließlich nur 2.431 DM netto ausbezahlt. Eigentlich ist die Sache mit den Arbeitgeber- und Arbeitnehmeranteilen Etikettenschwindel. Es wäre ehrlicher, die gesamte soziale Abgabenlast auf der Lohnabrechnung zu verzeichnen. Auf diese Weise würde klar, wie hoch diese Abgabenlast wirklich ist. Nämlich nicht 1.069 DM im Monat, wie im vergangenen Jahr der Durchschnittsverdiener seiner Abrechnung entnehmen konnte, sondern 1.069 DM + 791 DM Arbeitgeberbeiträge = 1.860 DM.

5. Welche obligatorischen Abgaben gibt es in den USA? Über welche Absicherungen kann man individuell bestimmen?

Privat – Öffentlich: Zwischenbereich Verein

1. Lesen Sie die folgenden Wörterbuch-Definitionen von *Verein, Verband* und *Bürgerinitiative.* Worin unterscheiden sie sich?

Bürgerinitiative, neue Form polit. Selbstorganisation und -hilfe einer Gruppe von Bürgern, die ihre speziellen Bedürfnisse durch Parteien und (kommunale) Parlamente nicht ausreichend verwirklicht sehen. (Bürgerinitiativen sind auch in Vereinsform möglich.)

Verein, eine auf Dauer berechnete, v. Mitgliederwechsel unabhängige, freiwillige Vereinigung v. Personen zur Erreichung eines bestimmten Zwecks. Das BGB unterscheidet V.e mit wirtschaftl u. ideellen Zielen, [...] Jeder V. braucht eine Satzung u. einen v. der Mitgliederversammlung gewählten Vorstand.

Verband, [...] **2)** *gesellschaftl.:* jede Art menschlicher Zusammenschlüsse, ein Zusammenschluss mit einheitl. Organisation meist über größere Bereiche (Land, Staat) zur Verfolgung gemeinsamer wirtschaftspolit. *(Wirtschafts-V.e),* sozialpolit. *(Arbeitgeber-V.e, Gewerkschaften)* od. polit. *(Parteien)* Ziele.

BGB
– *Bürgerliches Gesetzbuch*

2. Was vermuten Sie, welche Vereine oder Verbände auf den ersten Plätzen der „Hitliste" stehen und in welcher Reihenfolge?

Automobilclub – Sportverein – Kegelclub – Kirchlicher Verein – Gewerkschaft

Die Hitliste der Vereine und Verbände

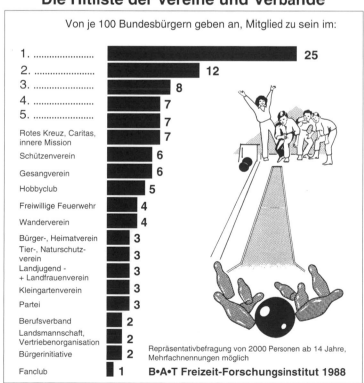

Von je 100 Bundesbürgern geben an, Mitglied zu sein im:

1.	25
2.	12
3.	8
4.	7
5.	7
Rotes Kreuz, Caritas, innere Mission	7
Schützenverein	6
Gesangverein	6
Hobbyclub	5
Freiwillige Feuerwehr	4
Wanderverein	4
Bürger-, Heimatverein	3
Tier-, Naturschutzverein	3
Landjugend - + Landfrauenverein	3
Kleingartenverein	3
Partei	3
Berufsverband	2
Landsmannschaft, Vertriebenorganisation	2
Bürgerinitiative	2
Fanclub	1

Repräsentativbefragung von 2000 Personen ab 14 Jahre, Mehrfachnennungen möglich

B•A•T Freizeit-Forschungsinstitut 1988

3. Bitte ordnen Sie die angegebenen Überschriften den einzelnen Vereinsarten zu.

a) Geselligkeitsverein   b) Förderverein   c) Interessenvereinigung   d) Programmverein
e) Vermögensträger   f) Beziehungsverein   g) Aktionsverein

Vereinsarten

1. ....
politisch, z.B. Parteien, Bund Naturschutz
religiös, z.B. Kongregationen
sozialpolitisch, z.B. VdK
kulturell, z.B. Museumsverein
pädagogisch, z.B. Pfadfinder

2. ....
Arbeitnehmer, z.B. Gewerkschaften
Arbeitgeberverbände, z.B. BDA
Wirtschaftsgruppenverbände, z.B. Bauernverband,
    Mittelstandsvereinigungen
Berufsverbände, z.B. Anwaltsverein, Hartmannbund
    (Abgrenzung zu Kammern!)
Sachverbände, z.B. Hausbesitzer, ADAC
Schutzverbände, z.B. Verbraucher-Schutzverband

3. ....
z.B. Lions Club, Rotary Club, Studentenverbindung

4. ....
Personen, z.B. Künstlerförderung
Gruppen, z.B. Elternverein
Schichten, z.B. Arbeiterwohlfahrt
Objekte und Tiere, z.B. Theaterbundverein,
    Tierschutzverein

5. ....
Sportverein, z.B. Fußballklub, Tennisverein
Spielverein, z.B. Schachklub
Schulungsverein, z.B. Gartenbauverein
Traditionsverein, z.B. Trachtenverein
Beschaffungsverein, z.B. Einkaufsverein, Siedlerbund
    (Abgrenzung zur Genossenschaft!)

6. ....
keine bestimmte Aktivität: Unterhaltung, Vergnü-
    gungen, z. B.: „Freunde des Nichtstuns"

7. ....
z.B. Wohnheime, Stiftung e. V., Träger von
    Fachzeitschriften, Versicherungswerk e.V.

4. Können Sie die Unterschiede innerhalb der Vereinstypen benennen?

5. Was erfahren Sie aus den folgenden Anzeigen und Veranstaltungskalendern deutscher Tageszeitungen über das Vereinsleben? Ordnen Sie die Informationen nach den angegebenen Gesichtspunkten:

Art	Zielsetzung	Grund der Anzeige	Terminologie
Frauenhaus = sozial-polit. Verein	geschlagenen Frauen helfen	Einladung zur Versammlung	e.V., Vorstand...

Frauen helfen Frauen e.V.
Autonomes Frauenhaus Tübingen
Einladung zur
Mitglieder/innen - Versammlung
am Dienstag, 17.5.1988, um 20 Uhr im Epple-Haus
in Tübingen, Karlstr.5.

Tagesordnung: 3. Entlastung des Vorstandes
1. Jahresbericht   4. Wahl des Vorstandes
2. Kassenbericht   5. Sonstiges

Vereine und Veranstaltungen

AA – ANONYME ALKO-HOLIKER, Anonyme Selbsthilfegruppe für jeden, der Probleme mit Alkohol, Medikamenten und Drogen hat. Meeting jeden Montag und Mittwoch um 19.30 Uhr und jetzt auch freitags um 13.30 Uhr. Treffpunkt: Bürgerhaus Trier-Nord, Franz-Georg-Straße 36, Kontakttelefon 0651/ 74588. Postanschrift: Anonyme Alkoholiker, 5500 Trier, Postfach 1144.

POLIZEI-CHOR TRIER 1981. Am Sonntag, 12 Uhr, Abfahrt des Busses am Polizeipräsidium zur Teilnahme an dem Konzert der rheinland-pfälzischen Polizeichöre in Bad Münster am Stein. Die Probe am Montag fällt aus.

BLASORCHESTER EHRANG 1953. Heute, um 14.30 Uhr, Treffen an der Kyllbrücke in Ehrang zur Abfahrt nach Beßlich zum Ständchenspielen für ein Brautpaar

KATHOLISCHER DEUTSCHER FRAUENBUND. Für die Studienfahrt nach Bad Brückenau bitte Anzahlung von 300 DM bis 10. Mai auf das Konto 140152 bei der Stadtsparkasse Trier einzahlen. Anmeldungen zum Diözesantag in Marienstadt an Frau Weber. Der für Montag, 29. April, angekündigte Vortrag muss wegen Verhinderung der Referentin ausfallen.

KLEINGÄRTNERVEREIN TEMPELBEZIRK. Am Dienstag, 30. April, Maifeier im Vereinshaus für Mitglieder und Angehörige, Beginn 19 Uhr.

SKATCLUB NULL TRUMPF TRIER. Sonntags 10.30 Uhr Preisskat in der Wirtschaft Südbahnhof.

CB-FUNKCLUB NORDRUNDE TRIER. Am Sonntag von 10 bis 13 Uhr Frühschoppen im Vereinslokal.

6. Besorgen Sie sich (vielleicht von einem deutschen Nachbarn) einen Stapel alter Tageszeitungen und fertigen Sie mit anderen Kursteilnehmern eine Collage aus Vereinsanzeigen, -berichten und -nachrichten an.

7. Aus dem folgenden Interview mit Frau Heuberger erfahren Sie viel über das deutsche Vereinswesen. Sie ist in Ofterdingen bei Tübingen geboren und wohnt noch immer dort, ist 54 Jahre alt, arbeitet als Hausfrau und versorgt eine kleine Landwirtschaft.

„Ich bin in zwei Vereinen, nämlich in dem Bürger-Gesangsverein in Ofterdingen, und das schon seit 1954, also seit 37 Jahren, und im Schwäbischen Albverein bin ich jetzt auch fast 20 Jahre - und das ununterbrochen, also sogar als die Kinder klein waren. Im Wanderverein sind es 150 Mitglieder, im Gesangsverein 200. Aber nicht alle Mitglieder sind aktive Mitglieder, es gibt noch passive und Ehrenmitglieder.

Im Wanderverein bin ich seit einigen Jahren Pressewart, das heißt, ich schreibe Berichte für die Zeitung und mache die Eintragungen ins Vereinsbuch. Dann kommen noch die Proben im Gesangsverein, also so sechs Stunden in der Woche bin ich mindestens mit Vereinsaktivitäten beschäftigt. Ich würde es aber nicht einfach als Freizeitgestaltung ansehen. Es ist doch eine Aufgabe damit verbunden, es ist uns ein Anliegen, Brauchtum und das Liedgut zu pflegen, und im Wanderverein steht der Umweltschutz im Vordergrund. Wir haben sogar schon protestiert, als man hier in der Nähe einen Staudamm bauen wollte. Aber nein, politisch sind wir nicht, bei uns sind alle Parteien vertreten, ob CDU oder Grüne, aber über Politik zu reden ist ein Tabu.
Der Verein bedeutet mir viel, er ist wie eine große Familie, man kennt sich, duzt sich, egal ob es ein Architekt oder ein Bauer ist. Unser alter Ehrenvorstand im Gesangsverein hat einmal gesagt: ‚Dirigent, das ist der Vater, der Vorstand, das ist die Mutter in einem Verein.‘ Es gibt ein gutes Zusammengehörigkeitsgefühl im Verein. Für mich ist der Verein wichtig, denn durch den Verein habe ich viele Kontakte gefunden, Leute mit gleichen Interessen, ich fühle mich dort einfach wohl und geborgen. An Nachwuchs fehlt es uns schon, vor allem im Gesangsverein, denn da geht es einfach nicht ohne regelmäßiges Proben. Aber vor kurzem ist eine Familie aus der ehemaligen DDR hergezogen; durch den Eintritt in den Gesangsverein hat der Mann gleich guten Kontakt gefunden.
Ohne die Vereine wäre für mich Ofterdingen ein Ort ohne Seele und Leben und ich hoffe, dass auch in Zukunft die Vereine nicht an Bedeutung verlieren.

8. **Spielen Sie jetzt das Interview in Partnerarbeit nach. Rekonstruieren Sie die Fragen, die Frau Heuberger wahrscheinlich gestellt wurden.**

Interview mit Frau Heuberger

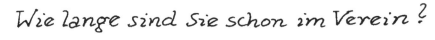

Wie lange sind Sie schon im Verein?
...

9. Könnten Sie sich vorstellen, selbst einem Verein beizutreten? Was für einem?
Hand aufs Herz, würden Sie einen ehrenamtlichen Posten, wie Naturschutzwart, Wegewart, Pressewart etc. übernehmen?

10. Lesen Sie dazu zwei deutsche Meinungen.

Maren Hoffmann, Kaufmännische Angestellte
Es kommt immer darauf an, für welche ehrenamtliche Tätigkeit man sich entscheidet. Ich würde meine Freizeit gerne für Angelegenheiten opfern, die die Kinderfürsorge betreffen. Schriftführerin beim Turnverein wäre mir dagegen zu langweilig.

Aktiv im Verein?

Den Deutschen wird nachgesagt, sie seien Vereinsmeier. In der Tat nehmen rund 50 Prozent der über 45-Jährigen regelmäßig an Veranstaltungen von Vereinen teil. Aber wenn's darum geht, für die Mitarbeit im Verein die Freizeit zu opfern, sind weniger dabei.

Pascal Kugele Elektrofachverkäufer
Ich bin Schießleiter im Verein und habe dafür in meiner Freizeit eine Prüfung abgelegt. Diese Tätigkeit übe ich gerne aus, und zu viel war mir das Ganze noch nie. Man tut halt das, wofür die Zeit reicht. Übertreiben sollte man seinen Einsatz aber nicht.

11. Es gibt im Deutschen den negativen Ausdruck *Vereinsmeier,* der andeutet, dass nicht alle den Vereinen so positiv gegenüberstehen. Fragen Sie Deutsche, was sie von Vereinen halten.

Vereinsmeier
– *leicht ironische Bezeichnung für Männer, die gleich in mehreren Vereinen aktiv sind*

Inwiefern stehen Vereine zwischen dem Privaten und dem Öffentlichen? Nennen Sie Begriffe, die Sie den jeweiligen Bereichen zuordnen würden.

familiäre Atmosphäre im Verein   = *privat*

Raumkonstellationen

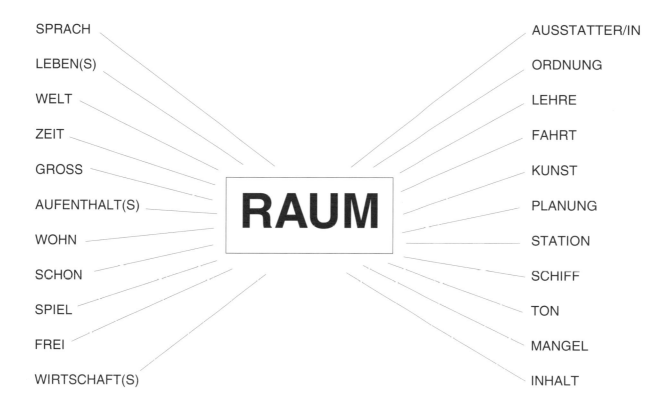

SPRACH

LEBEN(S)

WELT

ZEIT

GROSS

AUFENTHALT(S)

WOHN

SCHON

SPIEL

FREI

WIRTSCHAFT(S)

RAUM

AUSSTATTER/IN

ORDNUNG

LEHRE

FAHRT

KUNST

PLANUNG

STATION

SCHIFF

TON

MANGEL

INHALT

1. **Bilden Sie Komposita mit *Raum*. Was bedeuten sie?**

2. **Was sind die Entsprechungen für diese Komposita im amerikanischen Englisch?**

3. **Welche Bedeutung hat *Raum* in den einzelnen Komposita?**

Raum (nur im Singular)	*Raum* (Singular und Plural)
(a) Weite; Ausdehnung	(e) Zimmer
(b) Länge x Breite x Höhe (geometrisch)	(f) Gebiet; Region (geographisch)
(c) Platz; Möglichkeit, etwas unterzubringen	
(d) Weltall	

Aufräumen

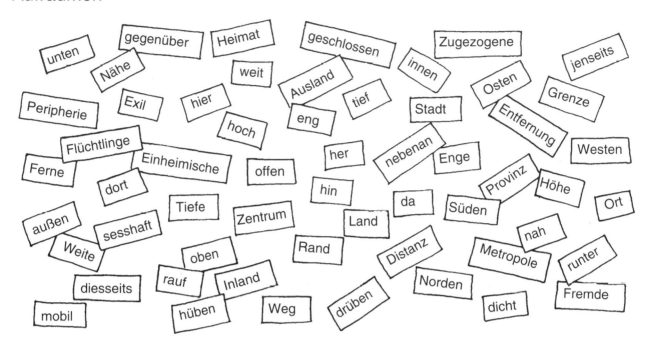

unten · gegenüber · Heimat · geschlossen · Zugezogene · jenseits · Nähe · weit · innen · Osten · Grenze · Peripherie · Exil · hier · Ausland · tief · Stadt · Entfernung · eng · hoch · Westen · Flüchtlinge · Einheimische · her · nebenan · Enge · Ferne · offen · Provinz · Höhe · dort · hin · da · Süden · Ort · außen · Tiefe · Zentrum · Land · nah · sesshaft · Weite · oben · Rand · Distanz · Metropole · runter · diesseits · rauf · Inland · Norden · Fremde · mobil · hüben · Weg · drüben · dicht

Stellen Sie die Wörter zu Gegensatzpaaren zusammen. Zu welchen Wörtern gibt es mehrere/keine Gegensätze?

oben ≠ unten
Stadt ≠ Land
hier ≠ da, dort
weit ≠ nah
≠ dicht
≠ eng

Grenze ≠

SIE BEFINDEN SICH HIER

standpunkt

hier
ist da
wo ich bin

da
ist nicht hier
wo ich bin

hier
wo ich bin
ist nicht da

da
wo ich bin
ist hier

Wolfgang Fietkau (1974)

Raummetaphorik

Hochschulforschung im Tief

1. Was gehört zusammen?

1. Das ist die **Höhe.**
2. **hoch** begabt
3. **hoch**gehen
4. Das lässt **tief** blicken.
5. **Tief**sinn
6. **tief** betrübt
7. das **Weite** suchen
8. **weit**herzig
9. einen **weiten** Horizont haben
10. **eng**stirnig
11. in die **Enge** getrieben sein
12. **Eng**herzigkeit
13. **nahe** gehend
14. jdm. etwas **nahe** legen
15. jdm. **nahe** stehen

a) Das erlaubt weit reichende Schlüsse.
b) großzügig; hilfreich
c) in Bedrängnis sein; keinen Ausweg wissen
d) jdm. etwas raten; empfehlen
e) Mangel an Großzügigkeit
f) Das ist empörend.
g) Kenntnisse auf vielen Gebieten haben
h) sehr talentiert
i) vertraut sein; befreundet sein
j) sehr traurig
k) wütend werden; sich erregen
l) grüblerisches Nachdenken
m) einseitig; geistig beschränkt
n) fliehen; davonlaufen
o) bewegend; ergreifend

2.

Stellen Sie einige der metaphorischen Ausdrücke bildlich dar, wenn möglich auch in einem inhaltlichen Zusammenhang wie in dem folgenden Beispiel.

Du gehst aus.
Er geht mit.
Ich gehe hoch.

W. Butzkamm

3.

Welche anderen Wörter und Wendungen kennen Sie, die Räumliches ausdrücken?

1. Zeichnen und beschreiben Sie Ihre persönliche Deutschlandkarte. Hier geht es nicht um objektive Richtigkeit, sondern um subjektive Wichtigkeit. Welche Orte, Regionen, Grenzen etc. tauchen auf Ihrer Karte auf?

2. Vergleich in der Gruppe: Aus welchen Elementen setzen sich die *mental maps* von Deutschland zusammen? Sprechen Sie über die Unterschiede und Überschneidungen. Woher kommen die einzelnen Vorstellungen? (Reiseerlebnisse, Medien, …)

Hier ein Beispiel einer *mental map*:

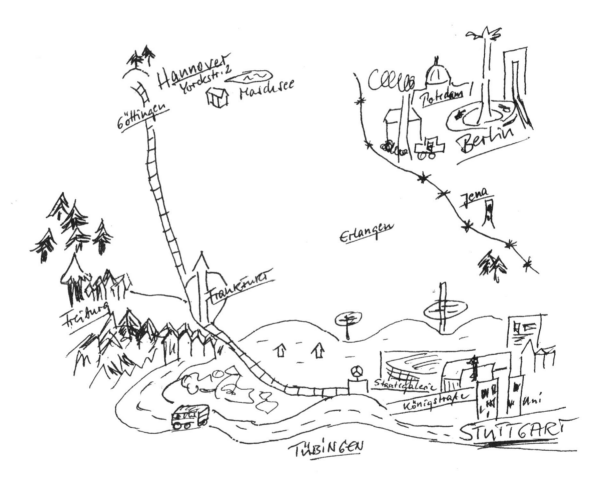

Karin Fox, Studentin aus USA, Universität Stuttgart, Mai 1992

3. Testen Sie Deutsche verschiedenen Alters. Wie sieht deren *mental map* von Deutschland aus?

1. Denken Sie bitte an Ihre Ankunft in Deutschland. Vergleichen Sie Deutschland und die USA aus der Vogelperspektive. Wie war Ihr erster räumlicher Eindruck von oben?

2. Wie interpretieren Sie die Zahlen?

Räumlicher Vergleich: USA und Deutschland in Zahlen

Land	Größe	Einwohnerzahl
Deutschland (seit 1990)	356 954 km²	79 Millionen
Montana	381 084 km²	809 000

Das Deutsche Reich umfasste bis zu Beginn des 19. Jahrhunderts insgesamt sieben Reichskreise. In dem folgenden Text wird ein Teil der Territorien eines Kreises, nämlich des Schwäbischen Reichskreises, wiedergegeben.

1. Langlesehürdenlauf –
bitte lesen Sie laut.

Start

Hochstift Konstanz, Hochstift Augsburg, Fürstliche Propstei Ellwangen, Fürstliche Abtei Kempten, Herzogtum Württemberg und Teck, Obere Markgrafschaft Baden (Baden-Baden), Untere Markgrafschaft Baden (Baden-Durlach), Markgrafschaft Hachberg, Gefürstete Grafschaft Hohenzollern-Hechingen, Gefürstete Grafschaft Hohenzollern-Sigmaringen, Gefürstete Frauenabtei Lindau, Gefürstete Frauenabtei Buchau, Gefürstete Grafschaft Thengen, Grafschaft Heiligenberg, Grafschaft Oettingen, Gefürstete Landgrafschaft im Klettgau, Fürstentum Liechtenstein, Abtei Salmannsweiler (Salem), Abtei Weingarten, Abtei Ochsenhausen, Abtei Elchingen, Abtei Irsee, Abtei Ursperg, Abtei Kaisheim (Kaisersheim), Abtei Roggenburg, Abtei Rot, Abtei Weißenau, Abtei Schussenried, Abtei Marchtal, Abtei Petershausen, Propstei Wettenhausen, Abtei Zwiefalten, Abtei Gengenbach, Abtei Heggbach, Abtei Gutenzell, Abtei Rottenmünster, Abtei Baindt, Deutscher Orden: Kommende Mainau (Teil der Ballei Elsaß-Burgund), Landgrafschaft Stühlingen, Landgrafschaft Baar, Herrschaft Wiesensteig, Herrschaft Hausen, Herrschaft Meßkirch, Herrschaften Tettnang und Argen, Lande des fürstlichen Hauses Oettingen-Wallerstein, Lande der Erbtruchsessen zu Waldburg-Zeil-Zeil und Waldburg-Zeil-Wurzach, Lande der Erbtruchsessen zu Waldburg-Wolfegg-Wolfegg und Waldburg-Wolfegg-Waldsee, Lande der Erbtruchsessen zu Waldburg-Scheer-Scheer und Waldburg-Trauchburg (Waldburg-Zeil-Trauchburg), Grafschaft Rothenfels und Herrschaft Stauffen, Grafschaft Königsegg und Herrschaft Aulendorf, Herrschaften Mindelheim und Schwabegg, Herrschaft Gundelfingen, Grafschaft Eberstein, Lande der Grafen Fugger, Grafschaft Hohenems, Herrschaft Justingen, Grafschaft Bonndorf, Herrschaft Eglofs, Herrschaft Thannhausen, Grafschaft Hohengeroldsegg, Herrschaft Eglingen, Reichsstadt Augsburg, Reichsstadt Ulm, Reichsstadt Esslingen, Reichsstadt Reutlingen, Reichsstadt Nördlingen, Reichsstadt Schwäbisch Hall, Reichsstadt Überlingen, Reichsstadt Rottweil, Reichsstadt Heilbronn, Reichsstadt Schwäbisch Gmünd, Reichsstadt Memmingen, Reichsstadt Lindau, Reichsstadt Dinkelsbühl, Reichsstadt Biberach, ...

Zielgerade

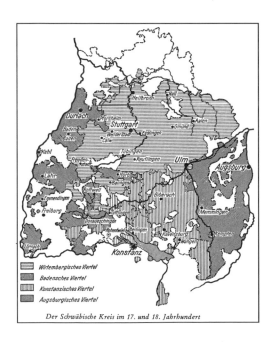

Der Schwäbische Kreis im 17. und 18. Jahrhundert

Verständnishilfe
Weltliche Gebiete: Herzogtum, Markgrafschaft, Gefürstete Grafschaft, Fürstentum, Herrschaft, Lande der Erbtruchsessen, Reichsstadt.
Geistliche Gebiete: Hochstift, Propstei, Abtei.

„Ein Land wie eine Zwiebel"

Wir sind schon durch ein Dutzend Fürstentümer, durch ein halbes Dutzend Großherzogtümer und durch ein paar Königreiche gelaufen, und das in der größten Übereilung in einem halben Tag. [...]
Teufel! da sind wir schon wieder auf der Grenze. Das ist ein Land wie eine Zwiebel: nichts als Schalen, oder wie ineinandergesteckte Schachteln.

Georg Büchner (1813 – 1837), Leonce und Lena, 2. Akt., 1. Szene

2. **Betrachten Sie die Landkarte Südwestdeutschlands um 1800 und prüfen Sie selbst nach, ob Georg Büchner in seinem Lustspiel übertrieben hat.**
Durch wie viele Territorien musste ein Reisender gehen, wie viele Grenzen musste er überschreiten, wenn er von Konstanz nach Stuttgart reisen wollte?

3. **Was mag es wohl bedeutet haben, eine solche Reise im 19. Jahrhundert zu unternehmen?**

Südwestdeutschland um 1800
Politische Gliederung

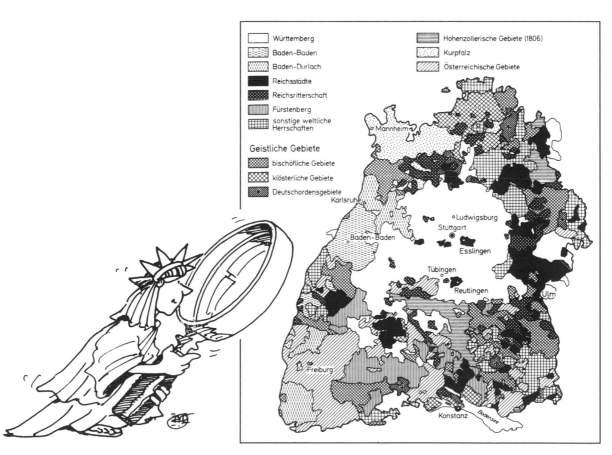

4. Beschreiben Sie bitte die Vormärz-Karikatur. Lesen Sie dann den Text.

Jeder Wandernde hat sich vor allem zweckwidrigen Umherlaufen, und besonders vor dem Betteln zu hüten, mit demjenigen, was er aus den Handwerksladen oder Orts-Kassen als Zehrpfennig erhält, sich zu begnügen, seine Reise nur auf solche Städte und Ortschaften, wo Meister von seinem Handwerk sich befinden, zu richten, an Orten, wo er sich um Arbeit umsieht, wenn er solche nicht erhält, nicht über einen Tag, an anderen Orten aber nicht über zwei Stunden des Tages, oder nicht länger als über Nacht, ohne besondere obrigkeitliche Erlaubnis zu verweilen, und an jedem Ort, wo er einen Meister seines Handwerks antrifft, ohne in Arbeit zu treten, durch den Orts- und Handwerksvorsteher in dem Wanderbuch beurkunden zu lassen, ob er Arbeit gesucht und keine gefunden, oder ob und warum er gar nicht nachgefragt und keine Arbeit angenommen habe, an Orten aber, wo er gearbeitet hat, bei seinem Austritt über die Dauer der Arbeitszeit und über sein Verhalten während derselben sowohl von dem Meister, dem er Gesellendienst geleistet, als von der Ortsobrigkeit ein Zeugnis in das Wanderbuch eintragen zu lassen.

Handwerksbursche am Schlagbaum (Vormärzkarikatur)

Fälschung der Einträge in das Wanderbuch würde auf das Strengste bestraft werden.

Inländische Handwerksgesellen, in deren Altersklasse die Aushebung noch nicht Statt gehabt hat, dürfen in das Ausland nur dann wandern, wenn sie unter Zuziehung ihres Vaters oder Pflegers das Versprechen zu Protokoll gegeben haben, mit dem Anfange des Jahrgangs, in welchem sie das 21ste Lebensjahr zurücklegen, folglich ihre Altersklasse zur Aushebung kommt, bei Vermeidung der den ungehorsam Abwesenden angedrohten Strafen sich wieder im Königreich einfinden zu wollen, und wenn solches in dem Wanderbuch oberamtlich beurkundet ist.

Aus: Württembergische Wanderordnung. Wanderbuch des Tobias Merk (Lehre von 1834 bis 1838), StARV 2353a.

5. Erfinden Sie einen Dialog zwischen dem Zöllner/Grenzbeamten und dem Handwerksburschen. Achten Sie auf passende Anredeformen, Tonfall, ...

6. Sie können die Szene auch spielen.

Vormärz
– *Zeit der deutschen Geschichte von 1815 (Wiener Kongress) bis zur Märzrevolution 1848*
Aushebung
– *Registrierung zum Militärdienst*

Stellen Sie Vermutungen darüber an, welche physischen, psychischen und geistigen Auswirkungen die Kleinstaaterei auf die Menschen im 18./19. Jahrhundert gehabt hat. Sammeln Sie Stichworte: *Klaustrophobie, ...*

Sesshaftigkeit

1. Übersetzen Sie die folgenden Ausdrücke ins Englische oder umschreiben Sie sie.

Sesshaftigkeit
ansässig sein
tief verwurzelt sein
Ortsgebundenheit
Fuß fassen
Wurzeln schlagen
bodenständig sein
einen festen Wohnsitz haben
sich niederlassen
Heimatrecht

2. Wie reagieren Sie auf diese Begriffe?

3. Vielleicht möchten Sie einige der Begriffe illustrieren.

4.

Die sesshaften Deutschen ziehen nur ungern um

Nur 22 Prozent der Deutschen sind bereit, in eine andere Region innerhalb der Bundesrepublik zu ziehen, wenn sie überzeugt sind, dass die Lebensbedingungen dort besser sind.

5. Machen Sie Ihre eigene Umfrage. Fragen Sie Deutsche, wie oft und aus welchen Gründen sie umgezogen sind. Fragen Sie nach der Bedeutung von Ortsgebundenheit für Ihre Interviewpartner/innen.

6. Ein Gedicht von Wolfgang Bächler (geboren 1925) *Die Sesshaften* beginnt mit den Zeilen:

Oft beunruhigt sie das Glück,
sesshaft geworden zu sein.

Finden Sie vor der Lektüre des Gedichtes Gründe für eine Beunruhigung und Lösungs - vorschläge für die unglücklichen Sesshaften.

Grund zur Beunruhigung	Ratschlag
Das Leben ist so eintönig	Er/Sie sollte...

7. Lesen Sie nun das vollständige Gedicht. Vergleichen Sie Ihre Tipps mit Wolfgang Bächlers Beobachtungen.

Die Sesshaften

Oft beunruhigt sie das Glück,
sesshaft geworden zu sein.
Sie planen Umzüge, Reisen,
wechseln das Stammlokal,
wechseln die Stellung,
den Standpunkt, die Frau.

Sie träumen von fremden
Ländern
und hoffen, in anderen Räumen
verändert zu erwachen.

Sie suchen den neuen Spiegel
für ihr altes Gesicht
und sehnen sich manchmal
nach Feuersbrünsten,
ohne versichert zu sein.

Feuersbrünste
– *gewaltige Feuer*

Glücksraum

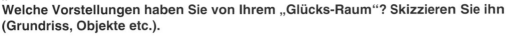

1. „Glücks-Raum":
Welche Vorstellungen haben Sie von Ihrem „Glücks-Raum"? Skizzieren Sie ihn
(Grundriss, Objekte etc.).

Mein „Glücks-Raum"

2. Analysieren Sie, ob Ihr „Glücks-Raum" etwas mit dem Begriff Idylle zu tun hat. Nehmen Sie
die Schlüsselbegriffe zu Hilfe, die in Helmut J. Schneiders literaturwissenschaftlicher
Definition (bezogen auf das 18. Jahrhundert) vorkommen.

> „Ruhe" ist ein Schlüsselwort, in dem „Ordnung"
> enthalten ist, als Klarheit und Überschaubarkeit,
> die dem „Gewühl", „Getümmel" entgegengesetzt
> werden. Sicherheit, Vertrautheit, Heimatlichkeit
> im Kleinräumigen: nur die Miniatur konnte Ord-
> nung ohne Vergewaltigung, Freiheit ohne Anarchie,
> Ruhe ohne Leere herstellen.

Carl Spitzweg (1808-1885): Im Dachstübchen

1. Beschreiben Sie das Bild. Gehen Sie vor allem auf die räumlichen Verhältnisse ein:

Enge / Weite; oben / unten; Hintergrund / Vordergrund; Perspektive; ...

2. Viele Deutsche assoziieren bei diesem Bild den Begriff „Glück im Winkel". ✎
Verkörpert dieses Bild für Sie einen „Glücks-Raum", d.h. einen erstrebenswerten Zustand?

Winkel
– *Nische; Ecke*

Enge und Weite

1. In dem Bild und den Texten unten werden gegensätzliche Aspekte von Mobilität und Sesshaftigkeit dargestellt. Welche? Sammeln und sortieren Sie.

mobil	sesshaft
Wanderschaft	*Häuslichkeit*
weite Welt	*...*

Sind diese Ausdrücke hier positiv oder negativ gemeint?

Ludwig Richter   (1803 – 1884)

Wem Gott will rechte Gunst erweisen,
Den schickt er in die weite Welt,
Dem will er seine Wunder weisen
In Berg und Wald und Strom und Feld.

Die Trägen, die zu Hause liegen,
Erquicket nicht das Morgenrot,
Sie wissen nur vom Kinderwiegen,
Von Sorgen, Last und Not um Brot.

Die Bächlein von den Bergen springen,
Die Lerchen schwirren hoch vor Lust,
Was sollt' ich nicht mit ihnen singen
Aus voller Kehl' und frischer Brust?

Den lieben Gott laß ich nur walten;
Der Bächlein, Lerchen, Wald und Feld
Und Erd' und Himmel will erhalten,
Hat auch mein Sach' aufs best' bestellt!

Joseph von Eichendorff (1788-1857)

Norden, Süden,
Osten, Westen,
zu Hause ist's am besten.

2. Können Sie mit Hilfe der Zeigewörter auf der nächsten Seite auch ein Gedicht zu dem Bild von Ludwig Richter produzieren?

Zeigewörter

1. *Zur Bezeichnung des Ortes oder der Ruhelage:*
   hier, da, dort, draußen, drüben, innen, außen, rechts, links, oben, unten, überall, irgendwo, anderswo, nirgendwo, nirgends, wo

2. *Zur Bezeichnung der Richtung*
   a) *des Ausgangspunktes einer Bewegung:*
      hierher, daher, dorther, überallher, irgendwoher, anderswoher, nirgendwoher, woher

   b) *des Endpunktes oder des Ziels einer Bewegung:*
      hierhin, dahin, dorthin, aufwärts, seitwärts, vorwärts, rückwärts, heimwärts, fort, weg, heim, bergauf, bergab, querfeldein, überallhin, irgendwohin, anderswohin, nirgendwohin, wohin

Deutsche fernwehsüchtig

Reiseveranstalter mit Saison 1990 überwiegend zufrieden – DDR nicht gefragt

Wohin geht die Reisemark?

Reiseausgaben der Deutschen im Ausland 1990 in Milliarden DM

Österreich	7,7
Italien	6,4
Spanien	5,6
Frankreich	4,1
Schweiz	3,2
USA	2,6
Niederlande	2,5
Großbritannien	1,6
Griechenland	1,5
Jugoslawien	1,1
Tunesien	1,0
Dänemark	0,9
Türkei	0,9
Belgien/Lux.	0,7
Schweden	0,7
Portugal	0,6

© Globus 8920

Sie wächst und wächst - die Reiselust der Deutschen. 32,6 Millionen fuhren im vergangenen Jahr mehr als fünf Tage in Urlaub. Und die Zahl der Reisen, rechnet man die vielen Kurztrips mit, kletterte zum ersten Mal über die Hundert-Millionen-Marke.

Der Millionenstrom deutscher Auslands–Urlauber wird alljährlich von einem Milliardenstrom von D–Mark über die Grenzen begleitet. Im vergangenen Jahr waren es nach Berechnungen der Deutschen Bundesbank 48,2 Mrd. DM. Beliebtestes Reiseziel war Österreich. 7,7 Mrd. DM gaben die Deutschen beim Urlaub in der Alpenrepublik aus. An zweiter Stelle folgt Italien mit 6,4 Mrd. DM. Sonne und Meer lockten im vergangenen Jahr viele Urlauber nach Spanien, dorthin gingen 5,6 Mrd. DM der deutschen Reisegelder.   *Globus*

Sprechen Sie über die Spannung zwischen der Sesshaftigkeit und der Sehnsucht nach Weite und Ferne bei den Deutschen heute.

1. Welche deutsche Siedlungsform ist hier gemeint?

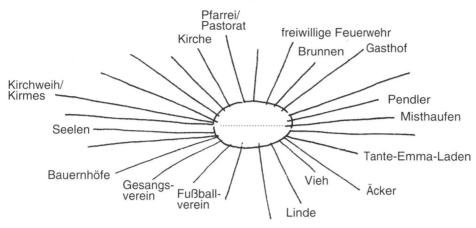

Pfarrei/
Pastorat

Kirche

freiwillige Feuerwehr

Brunnen

Gasthof

Kirchweih/
Kirmes

Pendler

Misthaufen

Seelen

Tante-Emma-Laden

Bauernhöfe

Vieh

Gesangs-
verein

Fußball-
verein

Äcker

Linde

2. Bei der Lektüre von *Versuch über das Land* von Ludwig Fels finden Sie noch weitere Aspekte zur Ergänzung der Wortcollage. Tragen Sie bitte die entsprechenden Stichwörter oben ein.

Versuch über das Land

Hier, wenn man so sagen darf, ist frühmorgens der Hahn das kleinste Übel. Dieselgemisch in den Traktoren läßt an Dorfrowdies denken, Mopeds sind so ziemlich das schlimmste neben der Maul- und Klauenseuche. Am Stammtisch zeigt sich die Tollwut am Saufen. Bei den Brotzeiten dominiert Geräuchertes. In den Wirtschaften redet man den Tag lang. Das Wetter ist die einzige Überraschung. Dorfdeppen haben viel auszuhalten, weil es an Gastarbeitern fehlt. Die Dorfmädchen versuchen, sich unterm Maibaum die Langeweile zu vertreiben. Nur die Namen unterscheiden die Leute. Man kennt sich so gut, daß keiner merkt, wenn jemand fehlt. Die Scheunen haben viel an Romantik verloren. Manche Bauern zeigen ihren großen Autos, wie sie sich auf den Feldern plagen müssen. Jugend und Alter haben hier genügend Gelegenheit, voneinander die dümmsten Sprüche zu lernen.

Die Kirche paßt sich dem Frühschoppen an. Gezeugt und geheiratet wird meistens zum Zeitvertreib. Am Waldrand schwadroniert das Wild, damit möglichst alles echt wirkt. Lauscher leiden unter Mähdreschern. Am Ende des Dorfes sperrt die Natur die Gegend. Aus den Ställen melden die Rinder die Ankunft der Stechmücken aus den Schweinekoben. Misthaufen vor der Haustür erleichtern das reine Gemüt.

Maul- und
Klauenseuche
– *Viruskrankheit
bei Kühen und
Schweinen*
schwadronieren
– *viel und prahlerisch
reden*
Koben
– *Stall*

3. Mit dörflichem Leben verbinden sich häufig romantische Vorstellungen. Welche Einstellung zeigt dagegen Ludwig Fels in diesem Text?

4. Stellen Sie ein Porträt eines deutschen Dorfes zusammen, das Sie kennen.

„Meine" deutsche Stadt

1. Planspiel: Wir bauen unsere deutsche Stadt. Arbeiten Sie in Kleingruppen. Ihre deutsche Modellstadt sollte alles enthalten, was für Sie eine deutsche Stadt ausmacht. Malen Sie Ihre Stadt auf Packpapier, oder wenn Sie Zeit und Lust haben, können Sie Ihre Häuser auch aufstellen.

2. Machen Sie eine „Führung" durch Ihre Städte.

Ihre deutsche Stadt:
?

Kleinstadt

Unsere kleine Stadt – *Our Town*

1. Was passiert an einem Wochenende in einer amerikanischen Kleinstadt? Beschreiben Sie einen Ihnen bekannten Ort. Was treiben die Leute? Wen sieht man wo?

2. Lesen Sie in der Gruppe Ihre Texte vor. Gibt es Übereinstimmungen? Kristallisiert sich ein typisches amerikanisches Kleinstadtbild heraus?

3.

> *Reimar Oltmanns*
> Am Strand von Tunix

Was bedeutet die Überschrift *Am Strand von Tunix*? Was erwarten Sie auf Grund der Überschrift von dem Text?

4. Lesen Sie nun den gesamten Text von Reimar Oltmanns. Welche Ihrer Erwartungen und Vermutungen finden Sie im Text wieder?

Am Strand von Tunix

Eine süddeutsche Kleinstadt am Samstagnachmittag im Spätsommer. Die engen Gassen glänzen wie blankgewienert, die Butzenscheiben in den akkurat gestrichenen Fachwerkhäusern 5 spiegeln das Straßengeschehen wider. Von der Barockkirche signalisieren Zwiebeltürme absolutistische Tradition. Der Schloßpark erinnert an die weiträumige und symmetrische Gartenanlage Nymphenburgs in München.
10 Im Kleinstädtchen Donaueschingen am Rande des Schwarzwaldes ist alles beschaulich und überschaubar. Kaiser's Kaffeegeschäft liegt gegenüber den Redaktionsstuben des *Südkurier,* der schon seit fast drei Jahrzehnten dpa-Funk-
15 bilder aus aller Welt im Schaufenster aushängt – so, als sei und bleibe das Kabelfernsehen eine Fiktion für die kommenden Jahrhunderte. In der Auslage der „Hofbuchhandlung" steht Mario Simmel's Bestseller *„Alle Menschen sind*
20 *Brüder"*. Nebenan offeriert der Ortspriester im Schaukasten der Diözese seinen Gläubigen eine Pilgerfahrt nach Rom. Vis-a-vis gibt's das Bistro „Schinderhannes". Vor dem Eingang stehen 25 die Gastarbeiter im „Sonntagsstaat"; mit Blockabsätzen, enggeschnittenen Hosen, bunten Hemden und Krawatten. Sie unterhalten sich oder spielen Karten. Kaum einer nimmt Notiz von ihnen. Sie bleiben, wie immer, unter sich.
30 Auf dem Marktplatz, vorm Café „Hengstler" ist der Jugendtreff. Vierzehn- bis sechzehnjährige Mädchen, in Röhrenhosen, Pumps, Flatterblusen und klassisch geschnittenen Herren-Jacketts, mit Nina-Hagen-Punk-Frisur ge-
35 trimmt, sitzen da, kichern und wispern untereinander; ab und zu wird auch mal eine Reggae-Disco-Platte gedrückt, solange Taschengeld und Selbstverdientes reicht.
Ein paar Tische weiter trinken die Jungs, zwi-
40 schen achtzehn und zwanzig, Coca oder Bitter Lemon.

---

blankgewienert
– *sauber geputzt*
Butzenscheiben
– *altmodische bleigefasste Fensterscheiben*

dpa
– *Deutsche Presse Agentur*
Sonntagsstaat
– *umgangssprachlich leicht ironisch für:*
Sonntagskleidung

Die einen ganz in Leder, das Haar à la James Dean kurz nach hinten gekämmt, im Nacken linealgerade abgestutzt, die Ohren freirasiert, die anderen mehr à la „Easy Rider", in Roh-
45 leder-Stiefeln, ausgewaschenen und buntgeflickten Jeans, die Haare wuschelig und schulterlang, die Bartstoppeln zentimeterkurz, Sonnenbrille. Bei Hengstler – ein wenig Langmut, ein Quentchen Langeweile. Dafür geht's
50 draußen auf dem Marktplatz um so lebhafter zu. Hondas, Suzukis und BMWs stehen dort aufgebockt. Keiner dieser röchelnden Öfen unter 500 Kubik. Ein paar Meter von den Motorrädern entfernt parken die Minis,
55 Renaults und Golfs. Fast alle mit dem Rallye-Streifen und den obligaten breiten Felgen. Der Marktplatz von Donaueschingen bedeutet diesen Motorfans soviel wie einem Rallye-Fahrer die Ankunft in Monte Carlo oder einem
60 Rennradprofi die Einfahrt ins vollbesetzte Stadion. Hier werden Fahrzeiten zwischen Donaueschingen und dem Nachbardorf Hüfingen unterboten, der Kumpel mit PS- und Kubikstärke überboten. Eigentlich ist in Do
65 naueschingen nichts spektakulär. Im Ort und in der Umgebung gibt es keine Linken, keine Rauschgiftsüchtigen, keine organisierten Kernkraftgegner und keine Landkommunen. Die Menschen arbeiten strebsam in der Land
70 wirtschaft, in Textil- und Uhrenfabriken, in Gießereien und in der Holzverarbeitung. Viele jobben noch nach Feierabend. So können sie

ein Häuschen ihr eigen nennen, den auf Hochglanz polierten Mittelklassewagen eben
75 falls. Gartenzwerge zieren den im Rasen eingelassenen Springbrunnen, die Schwarzwald-Uhr das Wohnzimmer. Und auf der Sparkasse vermehrt sich das bescheidene Guthaben stets ein wenig. Alles hat hier seine wohlgeträumte
80 Ordnung und läuft in den vorgegebenen Bahnen.
Auch das Volksfest an diesem Wochenende. Der Spielmannszug intoniert die Polka „Drei rote Rosen". Mäzen Heribert, mit Mallorca-
85 Bräune, Satintuch und beigem Samtpulli, läßt für die 46 Mann eine Runde Bier springen. Die Leute sitzen auf den Holzbänken, schmausen Zwiebelkuchen und nippen frisch gekelterten Wein. „Brot für die Welt" wird
90 gesammelt. Der Erlös geht an Pater Schenk aus Donaueschingen für seine Mission auf den Philippinen. Ein Stand der Gefangenenhilfsorganisation amnesty international – von Lehrern betreut – klärt über Folter und To
95 desstrafe auf. Aus Freiburg angereiste Studenten verteilen Plaketten mit der Aufschrift „Atomkraft – Nein danke". Am Abend stimmt der Trompetenchor „Kein schöner Land in dieser Zeit" an. Manche summen,
100 andere lallen mit. Auch die Jugendlichen sind dabei. In blau-weißer Tracht schwingen sie die Fahne der Fürstenberger. Wie in jedem Jahr, ist ihnen ein gefälliges Kopfnicken und der kräftige Händedruck der Stadt-
105 Honoratioren gewiß. [...]

5. Welche Orte und Treffpunkte, Kleidungsstücke, Leute, Aktivitäten und Ereignisse werden genannt?

Orte + Treffpunkte	Kleidungsstücke	Leute	Aktivitäten + Ereignisse
eine süddeutsche Kleinstadt, enge Gassen	Sonntagsstaat	Gastarbeiter	sich unterhalten, Karten spielen

Spielmannszug – Musikkapelle, z.B. eines Vereins

6. Vergleichen Sie die amerikanische und bundesdeutsche Kleinstadt.

1. Studieren Sie die Tabelle unten. Sie stellt das Modell einer idealen Wohnlage dar, gemessen an den Geh- und Fahrentfernungen.
Welche aufgeführten Stichworte sind charakteristisch für urbanes Leben?

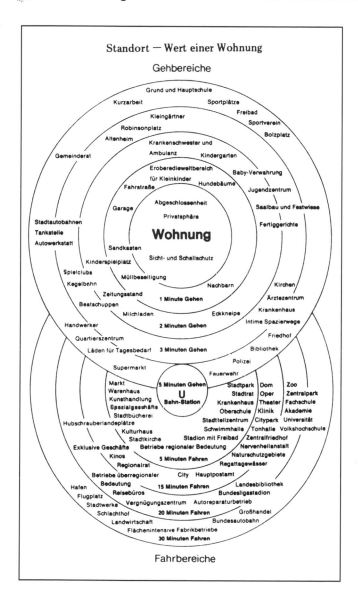

Standort — Wert einer Wohnung
Gehbereiche
... Wohnung ...
Fahrbereiche

Das Ideal

Ja, das möchste:
Eine Villa im Grünen mit großer Terrasse,
vorn die Ostsee, hinten die Friedrichstraße;
mit schöner Aussicht, ländlich-mondän,
vom Badezimmer ist die Zugspitze zu sehn
–
aber abends zum Kino hast du's nicht weit.
Das Ganze schlicht, voller Bescheidenheit:
Neun Zimmer, – nein, doch lieber zehn!
Ein Dachgarten, wo die Eichen drauf stehn.
[...]
Eine Bibliothek und drumherum
Einsamkeit und Hummelgesumm.
[...]

Kurt Tucholsky (1890-1935)

Tonhalle
– *Konzertgebäude*
Bolzplatz
– *Fußballplatz*
Robinsonplatz
– *Abenteuerspielplatz*
Beatschuppen
– *Diskothek*
Fertiggerichte
– *Imbissstube/Kiosk*

2. Skizzieren Sie bitte die für Sie ideale Wohnlage.

3. Was ist der Unterschied zwischen Ihrer amerikanischen und Ihrer derzeitigen Wohnlage?

4. Was sind Sie: Stadtverächter/in oder Befürworter/in urbaner Lebensformen?

Stadterlebnisse

1. **Wie erleben verschiedene Personengruppen die deutsche Stadt, in der Sie sich gerade aufhalten?**
Wählen Sie eine der verschiedenen Rollen und berichten Sie der Gruppe, was Sie täglich von Ihrer Stadt wahrnehmen, wo Sie wohnen etc.

Ältere Menschen	Autofahrer	Stadtführer
Hausfrauen	Familie am Wochenende	Behinderte
Kinder	Einkaufsbummler	...

2. **Malen Sie sich jetzt aus, wie diese verschiedenen Personengruppen eine amerikanische Stadt erleben.**

3. Kommentieren Sie diese *Deutsche Baugeschichte* von Marie Marcks (geboren 1922). Welche Zeiträume sind gemeint?

4. Können Sie das angegebene Vokabular den Bildern 1 oder 5 zuordnen?

Schnörkel   nüchtern   schlicht
modern   Verzierung   prachtvoll

5. Wogegen richtet sich die Kritik des Cartoons?

Marie Marcks
Deutsche Baugeschichte

olle Klamotte
– altes Zeug, alter Kram

6. Bei dem Gedicht *In Göttingen und überall* fehlen einige Wörter. Machen Sie sinnvolle Ergänzungen.
Es gibt nicht nur eine Lösung.

Frauenhaus
– *Zufluchtsort für misshandelte Frauen*
Machwerk
– *nachlässig gebaut*

In Göttingen und überall

ALTES ENTFERNT
STADTKERN ENTKERNT

FRAUENHAUS : NEIN .... GEFÄLLT
.... ZIEHT EIN PARKHAUS ERSTELLT

PARKPLATZ VERMESSEN KINDERHORT WARTET
.... VERGESSEN GROSSPROJEKT STARTET

STRASSE VERBREITERT WOHNHAUS MISSBILLIGT
.... SCHEITERT KAUFHAUS BEWILLIGT

.... AUSGEDEHNT KLEINGÄRTEN SCHWANDEN
HEIMPLÄTZE ABGELEHNT GROSSMARKT ENTSTANDEN

ALTBAU ZERFÄLLT .... VERNICHTET
NEUBAU BESTELLT MACHWERK ERRICHTET

NEUSTADT LÄDIERT
ALTSTADT SANIERT

Ist das ein Druckfehler?

Statt Planung

```
                                                              IDUNA
                                                              IDUNA
                                                              IDUNA
                                      HERTIEHERTIEHERTIE      IDUNA IDUNA
                                      HERTIEHERTIEHERTIE      IDUNA IDUNA
  KARSTADTKARSTADT                    HERTIEHERTIEHERTIE      IDUNA IDUNA
  KARSTADTKARSTADT                    HERTIEHERTIEHERTIE      IDUNA IDUNA
  KARSTADTKARSTADT      C&AC&AC&AC&A HERTIEHERTIEHERTIE      IDUNA IDUNA
  kepakepakepa KARSTADT  C&AC&AC&AC&A HERTIEHERTIEHERTIE      IDUNA IDUNA
  kepakepakepa KARSTADT  C&AC&AC&AC&A HERTIEHERTIEHERTIE IDUNA IDUNA IDUNA
  kepakepakepa KARSTADT  C&AC&AC&AC&A HERTIEHERTIEHERTIE      IDUNA IDUNA IDUNA
  kepakepakepa KARSTADT  C&AC&AC&AC&A HERTIEHERTIEHERTIE      IDUNA IDUNA IDUNA
  kepakepakepa           C&AC&AC&AC&A HERTIEHERTIEHERTIE      IDUNA IDUNA IDUNA
  kepakepakepa KARSTSTADT GÖTTINGEN   C&AC&AC&AC&A HERTIEHERTIE  IDUNA IDUNA IDUNA
```

7. Was soll durch das Textbild ausgedrückt werden?

8. Was sind Ihre Vorstellungen von gelungener Stadtplanung?

1. Der Titel des folgenden Textes von Franz Hessel (1880 – 1941) heißt *Von der schwierigen Kunst spazieren zu gehen.* Was könnte am Spazierengehen schwierig sein?

Stellen Sie Tipps zusammen, wie man die Kunst erlernen kann:

Man/Frau gehe...

2. Finden Sie durch die Lektüre des ersten Abschnitts heraus, welche Wörter zum Spazierengehen passen. Streichen Sie überflüssige = unpassende Wörter.

zweckmäßig – altertümliche Fortbewegung – sich ergehen – gemächlich – marschieren – nützlich – sich gehen lassen – taumeln – schweben – exerzieren – zweckentbundener Genuss – balancieren – hygienisch

Von der schwierigen Kunst spazieren zu gehen

Das Spazierengehen, diese recht altertümliche Form der Fortbewegung auf zwei Beinen, sollte gerade in unserer Zeit, in der es soviel andre weit zweckmäßigere Transportmittel gibt, zu einem besonders reinen zweckentbundenen Genuß werden. Zu
5 deinen Zielen bringen dich vielerlei Vehikel, Fahrräder, Trambahnen, private und öffentliche, winzige und mächtige Benzinvulkane. Um etwas für deine Gesundheit zu tun, pflegst du, moderner Mensch in der Stadt, wo du weder Skilaufen noch segeln und nur mit einem ziemlich komplizierten Apparate
10 rudern kannst, das sogenannte Footing. Das hat beileibe nichts mit Spazierengehen zu tun, das ist eine Art beschwingten Exerzierens, bei dem man so beschäftigt ist, die Bewegungen richtig auszuführen und mit dem richtigen Atmen zu verbinden, daß man nicht dazu kommt, sich zu ergehen und dabei gemächlich
15 nach rechts und links zu schauen. Das Spazierengehen aber ist weder nützlich noch hygienisch. Wenns richtig gemacht wird, wirds nur um seiner selbst willen gemacht, es ist ein Übermut wie – nach Goethe – das Dichten. Es ist mehr als jedes andere Gehen zugleich ein Sichgehenlassen. Man fällt dabei von einem
20 Fuß auf den anderen und balanciert diesen angenehmen Vorgang. Kindertaumel ist in unserem Gehen und das selige Schweben, das wir Gleichgewicht nennen.

August Macke,
Hutladen (1913)

3. **Lesen Sie jetzt den gesamten Text: Vergleichen Sie Ihre eigenen Tipps mit denen des Autors.**

Ich darf in diesen „ernsten Zeiten" das Spazierengehen jedermann, der einigermaßen
25 gut auf den Beinen ist, getrost empfehlen. Es ist wohl das billigste Vergnügen, ist wirklich kein spezifisch bürgerlich-kapitalistischer Genuß. Es ist ein Schatz der Armen und heutzutage fast ihr Vorrecht.
30 Gegen den zunächst berechtigt erscheinenden Einwand der Beschäftigten und Geschäftigen: „Wir haben einfach keine Zeit, spazieren zu gehen" mache ich dem, der diese Kunst erlernen oder, wenn er sie ein-
35 mal besaß, nicht verlernen möchte, den Vorschlag: „Steige gelegentlich auf deinen Fahrten eine Station vor dem Ziel aus und lege eine Teilstrecke zu Fuß zurück. Wie oft bist du, gerade du Exakter, Zeit-
40 sparender, Abkürzungen berechnender und nutzender, zu früh am Ziel und mußt eine öde leere Wartezeit in Büros und Vorzim-
mern mit Ungeduld und verärgerter Zeitungslektüre verbringen. Mach Minuten-
45 ferien des Alltags aus solcher Gelegenheit, flaniere ein Stück Wegs." „Flanieren, das gibt es nicht mehr", sagen die Leute. „Das widerspricht dem Rhythmus unserer Zeit." Ich glaube das nicht. Gerade wer – fast
50 möchte ich sagen: nur wer flanieren kann, wird danach, wenn ihn wieder dieser berühmte Rhythmus packt und eilig, konstant und zielstrebig fortbewegt, diese unsere Zeit umso mehr genießen und verstehen.
55 Der andere aber, der nie aus dem großen Schwung heraus kommt, wird schließlich gar nicht mehr merken, daß es so etwas überhaupt gibt. In jedem von uns aber lebt ein heimlicher Müßiggänger, der seine leidi-
60 gen Beweggründe bisweilen vergessen und sich grundlos bewegen möchte. [...]

Ich schicke dich zeitgenössischen Spaziergangsaspiranten nicht in fremde Gegenden und zu Sehenswürdigkeiten. Besuche deine
65 eigene Stadt, spaziere in deinem Stadtviertel, ergehe dich in dem steinernen Garten, durch den Beruf, Pflicht und Gewohnheit dich führen. Erlebe im Vorübergehn die merkwürdige Geschichte von ein paar
70 Dutzend Straßen. [...]

Der richtige Spaziergänger ist wie ein Leser, der ein Buch wirklich nur zu seinem Zeitvertreib und Vergnügen liest. [...]

Ist also die Straße eine Art Lektüre, so lies
75 sie, aber kritisiere sie nicht zu viel. Finde nichts zu schnell schön oder häßlich. Das sind ja so unzuverlässige Begriffe. Laß dich auch ein wenig täuschen und verführen von Beleuchtung, Tageszeit und dem Rhythmus
80 deiner Schritte. Das künstliche Licht, besonders im Wettstreit mit einem Rest Tageslicht und Dämmerung ist ein großer

Zauberer, macht alles vielfacher, schafft neue Nähen und Fernen und ändert auf-
85 leuchtend und verschwindend, wandernd und wiederkehrend noch einmal Tiefe, Höhe und Umriß der Gebäude. [...]

Da habe ich nun immer nur vom Spazieren in der Stadt gesprochen. Nicht von der
90 merkwürdigen Zwischen- und Übergangswelt: Vorstadt, Weichbild, Bannmeile mit all ihrem Unaufgeräumten, Stehengebliebenen, mit den plötzlich abschneidenden Häuserreihen, den Schuppen, Lagern, Schie-
95 nensträngen und dem Fest der Laubenkolonien und Schrebergärten. Aber da ist schon der Übergang zum Lande und zum Wandern. Und das Wandern ist wieder ein ganz anderes Kapitel aus der Schule des
100 Genusses. Gibt es so etwas? Es sollte das geben, heute mehr denn je. Und wir sollten alle aus Menschenliebe in dieser Schule lehren und lernen.

Schrebergarten
– *kleiner Garten innerhalb einer Gartenkolonie, meist*
  am Rand der Stadt

4. Versuchen Sie die folgenden Fortbewegungsverben voneinander abzugrenzen, indem Sie aus den genannten Gegensatzpaaren die passenden Wörter zuordnen.

Fortbewegungsarten	*Gegensatzpaare*
bummeln	Stadt – Land
flanieren	schnell – langsam
wandern	zielstrebig – nicht zielstrebig
spazieren	lustbetont – zweckbezogen
marschieren	sportlich – nicht sportlich
promenieren	lange Zeitdauer – kurze Zeitdauer
joggen	intensive Wahrnehmung der Umwelt– reduzierte Wahrnehmung

joggen: schnell, sportlich, Stadt oder Land...

5. Aus welchen Bestandteilen setzt sich das Wort *Müßiggänger* (siehe Zeile 59) zusammen? Wie interpretieren Sie das deutsche Sprichwort: „Müßiggang ist aller Laster Anfang"?

Wandern

1. Welche Konnotationen hat der Begriff *hiking* für Sie?

hiking

2. Folgen Sie dem Wanderweg. Sammeln Sie unterwegs möglichst viele Informationen über das Wandern und stellen Sie alle Begriffe zum Wortfeld *wandern* zusammen.

Wanderwege, Wandervögel

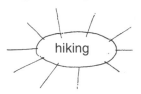

Das Wandern ist des Müllers Lust

Das Wan-dern ist des Mül-lers Lust, das Wan-dern ist des Mül-lers Lust, das Wan - dern. Das muß ein schlech-ter Mül-ler sein, dem nie-mals fiel das Wan-dern ein, dem nie-mals fiel das Wan-dern ein, das Wan - - dern.

Wandervogel, um 1895 von Hermann ↑ Hoffmann begründete, 1901 von Karl ↑ Fischer „W.-Ausschuss für Schülerfahrten" benannte Gruppenbildung von Schülern des Gymnasiums in Steglitz (heute Berlin-Steglitz), die zum Ausgangspunkt der dt. ↑ Jugendbewegung wurde. Der W. erstrebte unter Anlehnung an die philosoph. Kulturkritik des ausgehenden 19. Jh.s die Überwindung der Großstadtzivilisation und versuchte, einen eigenen jugendspezif. Lebensstil zu entwickeln, in dem Wandern, Zeltlager, Volkstanz und -lied (↑ auch Zupfgeigenhansl) eine große Rolle spielten. 1904 spaltete sich der W. in den „W. e. V zu Steglitz bei Berlin", der auf den Raum Berlin beschränkt blieb, und den „Alt-W.", der sich über ganz Deutschland verbreitete. 1907 entstand der „Dt. Bund für Jugendwanderungen", 1910 der „Jugendwandervogel". 1913 schlossen sich diese Bünde zum „W. e. V., Bund für dt. Jugendwandern" zusammen, in den nun auch Volksschüler und Mädchen aufgenommen wurden und der 1913 rund 25000 Mitglieder zählte. Im 1. Weltkrieg schlug die Begeisterung für ein ursprüngl., natürl. Leben gegen die Massenzivilisation teilweise in Begeisterung für den Krieg um. Kriegsfreiwillige schlossen sich zu *Feldwandervogel-Gruppen* zusammen. 1918 schloss sich ein völk. Teil zum „1. Jungdeutschen Bund" zusammen; die seit 1920 „W., Dt. Jugendbund" benannte zentrale Organisation löste sich 1922 auf. 1926 erfolgte ein Zusammenschluss einzelner W.gruppen mit Pfadfindern zum „Bund der Wandervögel und Pfadfinder", der sich 1927 ↑ „Deutsche Freischar" nannte. 1929 gehörten dieser und zahlreichen anderen W.bünden rund 30000 Mitglieder an. 1933 wurden die W.bünde im Zuge der nationalsozialist. Gleichschaltung aufgelöst. Nach dem Ende des 2. Weltkrieges erfolgten zahlreiche Neugründungen.

KOMPASS Wanderführer

**Wanderführer
Thüringer Wald 1**

Westliche und Mittlere Region
und Höhenweg Rennsteig
Rund- und Streckenwanderungen

Irene Löffler

Deutscher Wanderverlag Dr. Mair & Schnabel & Co

Mit Sicherheit
gut beraten®

Vereinte
Versicherungen

Gebirgs- und Wandervereine ziehen ihre Bilanz:

Wandern ist der Deutschen Lust

Saarbrücken (AP). Die Deutschen machen ihrem Ruf als fleißiges Wandervolk alle Ehre. Nach einer in Saarbrücken veröffentlichten Bilanz der deutschen Gebirgs- und Wandervereine waren im letzten Jahr acht Millionen Bundesbürger regelmäßig auf Schusters Rappen oder aber mit dem Fahrrad unterwegs. [...]

Nach der Übersicht des Bundesverbandes der Gebirgs- und Wandervereine haben 1986 bundesweit 1,7 Millionen Wanderlustige an 76 000 geführten Tagestouren der insgesamt 2527 örtlichen Vereine teilgenommen. [...]
Die 48 Deutschen Wandervereine mit Bundeszentrale in Saarbrücken betreuen nach eigenen Angaben zwischen Flensburg und dem Bodensee 220.000 Kilometer markierte Wanderwege, davon 60.000 Kilometer als Rundwanderwege.

Schwarzwaldverein e.V.
Gengenbach 172 m ü M
Querweg Gengenbach-Schapbach-Alpirsbach

Geissschleifsattel	10 km
(Moosturm 10,3 km)	
Nordrach	16 "
Löcherbergwasen	22 "
Littweger Höhe	28 "
Schapbach	36 "
Alpirsbach	51 "

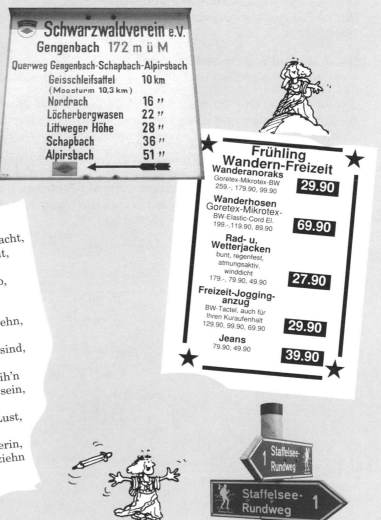

2. Vom Wasser haben wir's gelernt,
   vom Wasser:
   Das hat nicht Rast bei Tag und Nacht,
   ist stets auf Wanderschaft bedacht,
   das Wasser.

3. Das sehn wir auch den Rädern ab,
   den Rädern:
   Die gar nicht gerne stille stehn,
   die sich mein Tag nicht müde drehn,
   die Räder.

4. Die Steine selbst, so schwer sie sind,
   die Steine,
   sie tanzen mit den muntern Reih'n
   und wollen 'gar noch schneller sein,
   die Steine.

5. O Wandern, Wandern meine Lust,
   o Wandern!
   Herr Meister und Frau Meisterin,
   lasst mich in Frieden weiter ziehn
   und wandern.

Staffelsee-Rundweg 1

Staffelsee-Rundweg 1

Amerikaner zu Gast beim Schwäbischen Albverein

Nachhilfeunterricht in Sachen Wandern

In den USA mangelt es noch an der Organisation

(6.5.88)

1. Deutsch-amerikanisches Wandertreffen
Bilden Sie zwei Gruppen: einen deutschen Wanderverein und einen amerikanischen Wanderclub.

Der deutsche Wanderverein: Versuchen Sie, Ihren amerikanischen Kolleg(inn)en möglichst viel über das Wandern und die Organisation (Wege, Markierungen etc.) beizubringen.

Der amerikanische Wanderclub: Überlegen Sie, was sich in den USA umsetzen lässt, wo Amerikaner/innen und amerikanische Interessen vom deutschen Wanderverhalten abweichen werden.

2. Haben Sie in Ihrer Gruppe eine geborene Journalistin oder einen geborenen Journalisten? Verfassen Sie ein Protokoll des interkulturellen Treffens, und entwerfen Sie einen Artikel für die Lokalzeitung.

1. Was assoziieren Sie zu dem Begriff *Natur*?

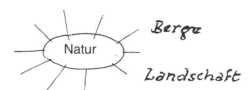

Natur

Berge

Landschaft

2. Was bedeutet für Sie persönlich Natur?

Welchen Eindruck haben Sie von der Natur in der Bundesrepublik?

3. Betrachten und beschreiben Sie das folgende Bild. Welches Verhältnis zur Natur wird hier thematisiert?

4. Diesem Bild fehlt noch ein Titel. Erfinden Sie einen passenden.

....

Frei und unerschütterlich
Wachsen unsere Eichen:
Mit dem Schmuck der grünen Blätter
Stehn sie fest in Sturm und Wetter,
Wanken nicht noch weichen.

Wie die Eichen himmelan
Trotz den Stürmen streben,
Wollen wir auch ihnen gleichen,
Frei und fest wie deutsche Eichen
Unser Haupt erheben.

Darum sei der Eichenbaum
Unser Bundeszeichen:
Daß in Taten und Gedanken
Wir nicht schwanken oder wanken,
Niemals mutlos weichen.

Hoffmann von Fallersleben   1842

Gar vieles haben die Bäume des deutschen Waldes mit dem deutschen Volke gemein, sind sie doch beide in ihrer Eigenart ein Erzeugnis derselben Heimat, bodenständig, seßhaft, groß geworden im Kampf gegen ein rauhes Klima und in harter Arbeit auf wenig fruchtbarem Boden.

R. Düesberg   1910

Das Massensymbol der Deutschen war das Heer. Aber das Heer war mehr als das Heer: es war der *marschierende* Wald. In keinem modernen Lande der Welt ist das Waldgefühl so lebendig geblieben wie in Deutschland. Das Rigide und Parallele der aufrechtstehenden Bäume, ihre Dichte und ihre Zahl erfüllt das Herz des Deutschen mit tiefer und geheimnisvoller Freude. Er sucht den Wald, in dem seine Vorfahren gelebt haben, noch heute gern auf und fühlt sich eins mit den Bäumen.

Elias Canetti   1960

1. Welche Parallelen werden zwischen dem deutschen Nationalcharakter und dem deutschen Wald bzw. der deutschen Eiche gezogen?

2. In welchen Bereichen verkörpert sich Ihrer Meinung nach für die USA die nationale Identität?

Der deutsche Wald

Umweltschutz - Sorge um den deutschen Wald

1. Was glauben Sie? Was waren Anfang der Neunziger für die Deutschen in Ost und West die dringlichsten Probleme? An welcher Stelle stand wohl die Sorge um die Umwelt?
(Die Lösung finden Sie auf S. 142.)

2. Lesen Sie die folgenden zwei Texte aus den Jahren 1924 und 1989. Beide Texte beschäftigen sich mit der Sorge um den deutschen Wald.
Welcher Text ist der ältere? Begründen Sie Ihre Wahl. Welche Probleme werden in den Texten angeschnitten? Welche ideologischen Hintergründe bzw. politischen Ziele werden durch die Texte vermittelt?

a) Ein Waldspaziergang brachte früher Entspannung und frische Luft. Doch die wachsende Luftverschmutzung läßt mehr und mehr die Bäume krank werden und absterben. Was die Bäume krank macht, schadet auch uns Menschen. Und weil hohe Luftverschmutzung keine Grenzen kennt, ist die internationale Nachbarschaftshilfe unsere einzige Chance.
Zum Beispiel mit einer verstärkten Verlagerung des Warenverkehrs von der Straße auf die Schienen sowie mit strengeren EG-Abgaswerten für LKWs. Denn der EG-Binnenmarkt bringt mehr Verkehr. Er darf nicht zu weiterer Umweltbelastung führen. Und dafür werden wir Sozialdemokraten im Europäischen Parlament mit aller Macht, die Sie uns geben, kämpfen.

b) Deutscher Wald in Not?! Der Wanderer, der ihn Erholung suchend durchstreift, wird dies noch nicht erkennen, der deutsche Forstmann aber blickt mit schweren Sorgen in die Zukunft. Er kann nicht vergessen, daß der deutsche Wald an der alten Ost- und Westgrenze des Reiches fast zu einem Zehntel in den Besitz unserer Feinde übergegangen und in der Pfalz, im Rhein- und Ruhrgebiet ihrem Zugriffe schutzlos preisgegeben ist. Er kann sich aber auch der schmerzlichen Erkenntnis nicht verschließen, daß es trotz allem Aufwand an Kosten und Mühe nicht mehr gelingen will, das neue Baumgeschlecht dem durch Abtrieb genutzten voll ebenbürtig aufzuziehen, daß das Wachstum der Bäume durch Rauch und andere Abgase immer ungünstiger beeinflußt wird und daß die Krankheiten der Waldbäume immer bedrohlicher und die von schädlichen Insekten, insbesondere der Nonne, verursachten Verheerungen immer häufiger und stärker auftreten.

preisgeben
– *ausliefern; nicht mehr schützen*
Verheerungen
– *Zerstörungen*

3. Werden Sie aktiv: Gründen Sie Initiativen zum Schutz des Waldes. Entwerfen Sie Plakate, Aufkleber, Slogans oder denken Sie sich Aktionen aus. Arbeiten Sie in Kleingruppen. Anregungen finden Sie in einer Auswahl der in Deutschland bereits existierenden Aktionen.

Drauß vom Walde

komm ich her, ich muss euch sagen, bald gibt's ihn nicht mehr – der „Arbeitskreis Wald" nutzte am Samstagvormittag die Gunst der Stunde und präsentierte sich und seine Arbeit den zuhauf zum Weihnachtsmarkt und Einkaufen in die Tübinger Innenstadt Gekommenen. Der AK wurde 1981 gegründet, als das Waldsterben in aller Munde und unzähligen Schlagzeilen war. Inzwischen ist es ruhiger geworden um die toten Wipfel,

entweder man hat sich daran satt gewöhnt oder durch die beruhigenden Meldungen offizieller Stellen tatsächlich beruhigen lassen.

„Doch der Schein trügt, die Wälder sterben weiter!" – der AK Wald sieht eine seiner Aufgaben darin, diese Tatsache bewusst zu machen, immer und immer wieder darauf hinzuweisen. Zum Beispiel mit dieser Theateraktion auf dem Weihnachtsmarkt.

„Drauß vom Walde"
– Anfang eines Weihnachtsgedichts
Gunst der Stunde
– *gute Gelegenheit*
zuhauf
– *in großen Mengen*

DER WALD IST UNSER LEBEN · GREENPEACE

Rettet unsere Wälder

In Baden-Württemberg sind bereits 50% des Waldes geschädigt. Wenn nicht sofort entscheidende Maßnahmen ergriffen werden, wird eine ökonomische und ökologische Katastrophe von bisher nicht bekanntem Ausmaß unvermeidbar sein.

Bund
für Umwelt und Naturschutz
Deutschland e.V. (BUND)
Rotebühlstraße 86/1
7000 Stuttgart 1

Spenden:
Südwestbank Stuttgart Konto 44 444
BLZ 600 602 01
Der BUND ist gemeinnützig.

Informationsmappe zur Aktion
Rettet unsere Wälder
Schutzgebühr DM 5.– in Briefmarken

Diese Anzeige wurde kostenlos abgedruckt.

PARLAMENT DER BÄUME

SUCHE BAUMPATEN

TEL.: 843-3926049

KÄMPFT JETZT GEGEN DAS WALDSTERBEN
80/100 km/h
Freudenstädter Aktionseinheit · 7290 Freudenstadt · Postfach 570

Können Sie sich nach dieser Auseinandersetzung mit dem Thema Wald die besondere Intensität erklären, mit der das Thema Waldsterben in Deutschland diskutiert wird?

Heimat

1. *Heimat* – Welche englische Übersetzung finden Sie im Wörterbuch? Fallen Ihnen ähnliche Begriffe im Englischen ein, die Sie an dieser Stelle im Wörterbuch nicht gefunden haben?

Verwandte, aber nicht deckungsgleiche Begriffe im Deutschen sind:

Heimat – Nation – Vaterland

Gelingt Ihnen eine Abgrenzung der Bedeutungen? Ziehen Sie gegebenenfalls ein Konversationslexikon zu Rate oder suchen Sie Belege oder Anwendungsbeispiele aus Zeitungen, Zeitschriften etc.

2. Durch die Lektüre der folgenden Textpassagen und die Interpretation der gezeigten Bilder können Sie sich der Definition des Begriffs nähern.

Schreiben Sie alle Schlüsselbegriffe, die zu einer Definition beitragen, in die rechten Spalten. Vergleichen und diskutieren Sie Ihre Ergebnisse in der Gruppe.

Heimat	
ist	ist nicht
Landschaft	

Was bedeutet „Heimat"?

Hans Schmid, Buchhändler

Heimat, das ist für mich das vertraute Bild, die Silhouette der Landschaft. Das merkt man erst so richtig, wenn man in der Fremde ist. Während der Kriegsgefangenschaft in Frankreich wurde es mir ganz stark bewusst. Ich könnte mir aber auch vorstellen, umzuziehen und in einer anderen Gegend heimisch zu werden. Vorbedingung ist aber, dass die Landschaft dort schön ist.

Rudolf Droschka, Polizeibeamter a. D.

Unter Heimat verstehe ich den Ort, an dem ich aufgewachsen bin, Freunde und Bekannte habe. Das ist so ein Gefühl der Vertrautheit – etwa zu wissen, wo man einkaufen oder Spaziergänge machen kann. Heimat ist auch eng an die Sprache geknüpft. Ich könnte mir aber auch vorstellen, umzuziehen, neue Verbindungen herzustellen und mich einzuleben. Die Jugend ist nicht mehr so stark an ihren Geburtsort gebunden.

	ist	ist nicht

Die Familie Scheunemann ist in ihrer dritten Heimat fest verwurzelt

„Wenn sie schwäbisch schwätzen würden, wären sie wie wir", sagen die Nachbarn

Besonders zwischen den Jahren denkt das Ehepaar oft an Schlesien und Pommern

Gschwend, Ostalbkreis. Die ihrer Ansicht nach allgemein gültige Erklärung von „Heimat" haben Lotte (61) und Gerhard Scheunemann (59) schnell parat: „Heimat ist dort, wo das Elternhaus steht." Für sie gelte diese Definition nicht – sie sind Heimatvertriebene. Die beiden stammen aus dem heutigen Polen und ließen sich nach zehnjährigem Zwischendasein in Sachsen vor 31 Jahren im Schwabenland nieder. „Hier ist unsere Heimat, hoffentlich die letzte", sagen sie. Ein Schicksal von vielen – Heimatvertriebene und deren Nachkommen stellen ein Viertel der baden-württembergischen Bevölkerung.

Mimi
– Milch

Heimat ist ein Wort, das unser Sprachgeist geschaffen hat, das in andern Sprachen nicht zu finden ist und das völlig andere Gefühle weckt, stillere, stetigere, zeit- und geschichtslosere, als das leidenschaftliche Wort Vaterland.
Wir verlassen die Heimat, um uns hinaus in die Fremde zu begeben. Wo endet Heimat, wo beginnt das Unvertraute, das Andere? Bei jedem neuen Menschen, der uns begegnet, stellt sich die Frage: wie weit reicht seine Heimat, wo vermag er wirklich zu Hause zu sein?
Carl Jacob Burckhardt   *(1954)*

Heimat, das ist für mich nicht allein der Ort, an dem die Toten liegen; es ist der Winkel vielfältiger Geborgenheit, es ist der Platz, an dem man aufgehoben ist, in der Sprache, im Gefühl, ja, selbst im Schweigen aufgehoben, und es ist der Flecken, an dem man wiedererkannt wird; und das möchte doch wohl jeder eines Tages: wiedererkannt, und das heißt: aufgenommen werden.
Siegfried Lenz   *(1981)*

3. Die folgenden Textausschnitte und Bilder zeigen problematische Aspekte des Heimatbegriffs. Aus welchen Gründen wird hier Kritik geübt?

Lotte Riethmüller, Musikwissenschaftlerin

Für mich ist das ein ziemlich antiquierter Begriff und noch vom Dritten Reich her arg mit Blut und Boden beladen.

Heimat scheint es vor allem in Süddeutschland zu geben. Wo gibt es mehr Gamsbärte, Gesangsvereine, Gesundbeter, Postkartenansichten, Bauernschränke, Messerstechereien, Trachtengruppen, Melkschemel, Beichtstühle, Bekenntnisschulen usw. Heimat, das ist sicher der schönste Name für Zurückgebliebenheit.

Martin Walser (1968)

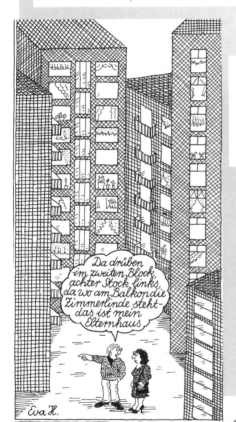

Wettbewerb in Realschulen

Auch zerstörte Umwelt ist Heimat

Die Jugendlichen gingen kritisch auf Spurensuche

(19.04.89)

Und ich sehe auch ein, daß es (das Wort Heimat) in einer Landschaft aus Zement nichts gilt, in den Beton-Silos, in den kalten Wohnhöhlen aus Fertigteilen, das alles zugestanden; aber wenn es schon so ist: was spricht denn gegen den Versuch, dieses Wort von seinen Belastungen zu befreien?

Siegfried Lenz (1981)

Blut und Boden
– *nationalsozialistische Begriffe*

Bekenntnisschule
– *konfessionell gebundene Schule*

4. Um welchen Ort handelt es sich in dem nebenstehenden Text von Ingeborg Drewitz (1923–1986)? Worauf wird angespielt in den Zeilen 10/11, 51–53, 56–59 und 70–76?

Synonyme für (meine) Heimat

Die Gleisfelder vor abgetakelten Bahnhöfen,
unkrautüberwuchert,
die roten schwingenden Kiefern
sommerabends,
5 die regenverschleierten Fenster,
die Gloriole aus Licht über der Stadt,
die Lärmglocke über der Stadt,
der braungraue Schleier über der Stadt (bei
Hochdruck unsichtbar dicht),
10 der Scheinwerfer-Stacheldrahtsaum und die
aufgepflügte Erde,
die Stiefmütterchen in den Betonbehältern,
die weißen Birken in den Parks,
die faulschlammschwarzen, schweigenden
15 Seen,
die rußschwarzen Hinterhöfe,
die grelldrapierten Hochhausstädte,
oder
die dezente Konversation in den
20 Theaterfoyers,
der grelle Sex für die Touristen,
das dumpfe Stöhnen der Drogenabhängigen
in den Gefängnissen
(Entzugserscheinungen, sagen die Wärter)
25 das Kichern, Dröhnen, Röhren in Bars und
Diskotheken, in Eckkneipen,
und wo überall noch?
die schrillen Pfeifen der Schiedsrichter auf
den Fußballplätzen,
30 das Kantilene der Amseln im April,
der Singsang der Ausrufer,
das Juchzen und Kreischen vom Rodelberg
her,
die knappen Anweisungen in den OP's,
35 oder
die langen Flure mit den numerierten Türen,
die Fahrstühle mit den Schmierereien,
die exotische Vielfalt der Kneipennamen,
das Mädchen mit der Geige auf dem
40 Kurfürstendamm, der Pappteller für die

Münzen fast leer, das Adagio zerrüttet vom
Anfahren und Stoppen der Autos
und Busse von Kreuzung zu Kreuzung
oder
45 der Platz hinterm Fenster in dem Haus, das
nicht mehr steht?
der Schulweg mit der Freundin, die abgeholt
wurde und nicht wiederkam?
das Spreeufer, wo sie den Ertrunkenen
50 zudeckten?
die Böschung am Südring, wo die Jungen
bäuchlings lagen, die Hand noch um die
Panzerfaust gekrampft?
der Kreißsaal, wo sie den toten winzigen
55 Körper einhüllten?
der Quadratmeter Erde mit all den Namen
unterm Hortensienbusch, nun schon
zum zweiten Mal für 20 Jahre gemietet und
vorausbezahlt?
60 oder
das Zimmer mit dem einfachen Tisch, den
Bücherstapeln auf der Erde
und wändehoch (anonyme Anrufer machen
dir's streitig),
65 die Trippelschritte kleiner Kinder, ihr
Mundhauch an den Fensterscheiben?
die Hände junger Mütter, wie sie die
Kinderstiefel antrecken?
oder
70 der Nachhall der Stiefelschritte, der Rufe aus
tausenden Mündern?
die schlurfenden Schritte, das Schweigen aus
tausenden Mündern?
die jagenden Schritte der
75 Zusammengetriebenen, das Staccato der
Befehle
oder
die Orkane der Chöre in Kirchen, Sälen,
Stadien, auf Plätzen, das Pathos der
80 wechselnden Hoffnungen, der
immerwährenden Hoffnungen?

---

abgetakelt – *heruntergekommen; außer Betrieb gesetzt*
     (bei Schiffen)
Gloriole – *Glorienschein*
Kantilene – *eine gesangartige, getragene Melodie*
Rodelberg – *Berg, auf dem man Schlitten fährt*
OP – Abkürzung für: *Operationssaal*

Böschung – *Abhang mit Büschen*
Kreißsaal – *Raum im Krankenhaus, in dem die Kinder*
     geboren werden
Hortensienbusch – *Zierstrauch*
antrecken – mundartlich für: *anziehen*

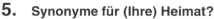

5. **Synonyme für (Ihre) Heimat?**

1. Welche Regionen kommen auf Ihrer *mental map* von Deutschland vor? Wie sind diese Regionen definiert (geographisch, politisch, sprachlich, ...)?

2. Womit werben die einzelnen Regionen bzw. Bundesländer?

"In Schleswig-Holstein sagen sich Fuchs und Hase gute Nacht."

Stimmt.
Schleswig-Holstein ist stolz darauf, ein Feld-, Wald- und Wiesenland zu sein. In dem die Natur zu ihrem Recht kommt. Hier braucht der Fuchs noch keine Genehmigung für seinen Bau. Und dank langer Naturschutz-Erfahrung sind wir alte Hasen in Sachen Ökologie.

Wir investieren sehr viel an Ideen und Geld für Arten- und Landschaftsschutz, für die Rettung der Meere und Küsten, für Regeneration von Feuchtbiotopen, Grundwasser und Binnengewässern. Unsere Kläranlagen werden z.B. technisch so ergänzt, daß noch in diesem Jahr bis zu 82 % der Haushaltsabwässer phosphatfrei sein werden.

Zu konsequenter Sanierung gehören auch Vorbeugung und alternative Innovation. "Photovoltaische Solarenergie kombiniert mit Wind und Biogas" ist bei uns kein Fremdwort, sondern ein Pilotprojekt.

Schleswig-Holsteins Natur ist Lebensraum - und Erlebensraum. Naturnahe Freizeitmöglichkeiten und Naturschutz schließen sich in einem Land, das eigener Entfaltung noch viel Raum bietet, ebensowenig aus wie eine gesunde Balance zwischen Ökologie und Ökonomie.

Ob Technologieförderung oder Forstschutz - wir sind mit unseren Programmen garantiert nicht auf dem Holzweg. Und sorgen dafür, daß sich Fuchs und Hase weiter gute Nacht sagen können.

Schleswig-Holstein
So weit. So gut.

Schleswig-Holstein-Werbung · Postfach 2640 · 2300 Kiel 1

Hagen tut was für seine Ideen.

Die Ideen in Hagen haben es gut. Sie haben hier bessere Chancen, realisiert zu werden, als anderswo. Denn im Hagener Technologie- und Gründer-Zentrum TGZ werfen junge innovative Teams, die Forschungsabteilungen etablierter Unternehmen und die Institute der FernUniversität und der Märkischen Fachhochschule ihr Know-how zusammen und suchen gemeinsam nach marktgerechten Lösungen. Dieser Zusammenarbeit von Theorie und Praxis gehört die Zukunft. Das wird spätestens bei den 2. Hagener Technologie-Tagen vom 28.–30.10.1991 sichtbar. Unter dem Motto „Ideen – Impulse – Innovationen" präsentieren Unternehmen aus der ganzen Region Spitzenleistungen auf den Gebieten der Elektrotechnik, der Kommunikationstechnik und der Informatik. Kein Wunder, daß sich die vielversprechendsten Firmen schon jetzt um einen Platz im neuen Technologie-Zentrum an der FernUniversität bemühen. Dabei steht der Bau noch gar nicht. Aber wenn Hagen etwas geplant hat, dann ist das schon so gut wie realisiert.

HAGEN

"Am Mute hängt der Erfolg."

Theodor Fontane ist, neben Heinrich von Kleist, der berühmteste Dichter Brandenburgs.
Sein Satz „Am Mute hängt der Erfolg" könnte das Motto des neuen Bundeslandes Brandenburg sein.
Mutig macht sich das Land auf den Weg in die Zukunft.
Die Voraussetzungen sind gut.
Investoren finden eine Arbeitnehmerschaft vor, die traditionell zu der fleißigsten und tatkräftigsten in Deutschland gehört.
Die leistungsfähige Landwirtschaft kann Obst und Gemüse anbieten, das noch nach Obst und Gemüse schmeckt.
Die herbe Schönheit der Landschaft und die zahlreichen Baudenkmäler werden vor allem die etwas Nachdenklicheren unter den Touristen anlocken.
Und daß die alte und neue Hauptstadt Berlin mitten in Brandenburg liegt, ist ein nicht zu unterschätzender Standortvorteil.
Wer in Brandenburg investiert, investiert in eine große Zukunft.

Standortvorteil **Brandenburg**

„Am Mute hängt der Erfolg."

3. Was macht eine Region für Sie attraktiv? Welche deutsche Region ist für Sie am attraktivsten, welche am wenigsten anziehend?

4. Vergleichen Sie Ihre Einschätzungen mit den Aussagen der nachfolgenden Schaubilder.

Hohe Meinung von Deutschlands Süden
Was Führungskräften an deutschen Regionen gefällt:

Die Sympa- thischsten	Die beste Küche	Die Cleversten	Die zuverlässig- sten Handwerker
„Mit wem aus wel- cher Gegend kom- men Sie am besten zurecht, ist Ihnen am sympathischsten?"	„Wo schmeckt es Ihnen am besten, in welcher Gegend schätzen Sie die Küche besonders?"	„Wenn es um Ver- handlungen geht, welche sind die cleversten Geschäftsleute?"	„In welcher Gegend arbeiten die Handwerker am zuverlässigsten?"
1. Platz	**1. Platz**	**1. Platz**	**1. Platz**
Bayern 17 %	Baden 18 %	Schwaben 17 %	Schwaben 14 %
2. Platz	**2. Platz**	**2. Platz**	**2. Platz**
Rheinland 15 %	Schwaben 13 %	Hanseaten 6 %	Bayern 7 %
3. Platz	**3. Platz**	**3. Platz**	**3. Platz**
Schwaben 13 %	Bayern 13 %	Rheinländer 5 %	Westfalen 4 %
4. Platz	**4. Platz**	**4. Platz**	**4. Platz**
Westfalen 7 %	Saarland 3 %	Bayern 4 %	Franken 1 %

Quelle: Capital Führungskräfte Panel

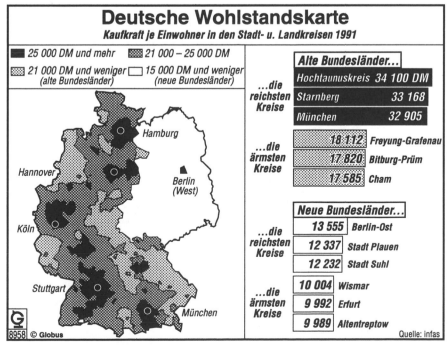

Deutsche Wohlstandskarte
Kaufkraft je Einwohner in den Stadt- u. Landkreisen 1991

■ 25 000 DM und mehr ▨ 21 000 – 25 000 DM
▨ 21 000 DM und weniger □ 15 000 DM und weniger
(alte Bundesländer) (neue Bundesländer)

Hamburg
Hannover
Berlin (West)
Köln
Stuttgart
München

8958 © Globus

Alte Bundesländer...

...die reichsten Kreise
Hochtaunuskreis	34 100 DM
Starnberg	33 168
München	32 905

...die ärmsten Kreise
18 112	Freyung-Grafenau
17 820	Bitburg-Prüm
17 585	Cham

Neue Bundesländer...

...die reichsten Kreise
13 555	Berlin-Ost
12 337	Stadt Plauen
12 232	Stadt Suhl

...die ärmsten Kreise
10 004	Wismar
9 992	Erfurt
9 989	Altentreptow

Quelle: infas

5. Fragen Sie Deutsche nach den „typischen" Eigenschaften der Bayern, Schwaben, Rheinländer, Norddeutschen etc.
Einen Vorgeschmack für Ihre Projektarbeit bietet die Umfrage aus einer Frauenzeitschrift.

WIE FINDEN SIE DIE BAYERN?

Zwei Norddeutsche:

Hans-Jürgen Krause, Conferencier auf St. Pauli:

>> O Bayersleut, o Bayersleut, hoch sind die Berg und dumm die Leut. Hier auf St. Pauli fallen die Bayern durch ihre Kleidung auf und dadurch, dass sie sich am leichtesten in Nepplokale abschleppen lassen. <<

Maren Otto, Verlagsangestellte:

>> Den bayerischen Dialekt finde ich urig, obwohl ich kein Wort verstehe. Aber es ist leichter, mit Bayern ins Gespräch zu kommen als mit Norddeutschen. Die Bayern sind offener und herzlicher, aber die Kontakte haben oft keinen dauerhaften Bestand. <<

WIE FINDEN SIE DIE NORDDEUTSCHEN?

Zwei Bayern:

Billy Zöckler, Schauspielerin:

>> Ich hab nix gegen die Norddeutschen. Ich war zwar immer nur für Kurzbesuche in Norddeutschland, aber wurde jedesmal herzlich aufgenommen. Hier in München lebt man in abgeschlossenen Cliquen, da ist es für Außenstehende schwer, hineinzukommen. In Norddeutschland habe ich das so nicht erlebt. <<

Edgar Anlicker, Standlmann am Viktualienmarkt:

>> Die Norddeutschen kann man sofort von den Bayern unterscheiden, wenn sie an meinen Stand kommen. Sie nehmen zum Beispiel ein Glas mit Meerrettich in die Hand und sagen: Okay, das möchte ich. Die Bayern nehmen es in die Hand, betrachten es, stellen es wieder hin und sagen: I wollt's nur mal anschaun. <<

6. Wie stellt sich die Norddeutsche Landesbank in dieser Reklame selbst dar bzw. wie geht sie mit einem Stereotyp über die Norddeutschen um?

GESPRÄCHSQUALITÄT AUF NORDDEUTSCHE ART.

Von den Norddeutschen wird gern behauptet, sie seien etwas einsilbig. Tatsächlich kommen wir nur schnell auf den Punkt. Informiert, sachkundig, konstruktiv. So wird Gesprächszeit nicht zerredet, erwächst aus einem Gespräch Gesprächsqualität. Mag sein, daß wir nicht viele Worte machen. Doch für uns ist weniger mehr.

NORD/LB
NORDDEUTSCHE LANDESBANK
GIROZENTRALE

Hannover · Braunschweig · Magdeburg · Frankfurt · Luxemburg · London · New York

7. **Können Sie zu den erwähnten beschreibenden Adjektiven Synonyme finden mit positiven und negativen Nuancen?**

H.J. Krause sagt: „Die Bayern sind dumm".

dumm – *gutgläubig – naiv – einfältig*

Diskutieren Sie über die Berechtigung und Bedeutung von stereotypen Vorstellungen.

1. Betrachten Sie die Karte der deutschen Mundarten um 1965. Welche Dialekte haben Sie in Deutschland schon kennen gelernt?

2. Versuchen Sie, mit Hilfe der Karte die verschiedenen Bezeichnungen für *ich spreche* den entsprechenden Dialekten zuzuordnen.

ich plaudere –

i red –

ick s(ch)nack –

i schwätz –

3. Lesen Sie drei Meinungen zum folgenden Thema. Welche Schwierigkeiten und welche Vorteile werden hier genannt?

Soll man die Mundart pflegen?

Bärbel Deifel-Vogelmann, Medien-referentin
Auf jeden Fall muss man da differenzieren. In vielen Fällen, zum Beispiel bei Diskussionen, stört ein Dialekt, rein aus Gründen der Verständlichkeit, doch sehr. Doch sollte man die Mundarten pflegen, denn hier drückt sich einiges an Eigenarten eines kleinen Volksstammes aus, ja vielleicht sogar das Selbstverständnis. Sagt ein Schwabe zum Beispiel „Ich liebe Dich", klingt das komisch, „I mog di" dagegen aufrichtig und echt.

Rainer Tritschel, Kulturwissen-schaftler
Ich finde es vom Grundsatz her unnatürlich, wenn man seine Mundart verleugnet. Viele wirken eher peinlich, wenn sie ihre angelernte Sprache verbergen. Leute zu verstehen, ist letztendlich nur eine Frage der Toleranz. Viele Hochdeutschsprecher sind der Meinung, Dialektsprecher seien nicht gebildet. Es gibt da ein Nord-Süd-Gefälle. Das ist sicher ein Problem, aber letzten Endes der reine Quatsch.

Doris Pfeiffer, Kranken-gymnastik-schülerin
Hier sollte vorrangig gelten: immer das richtige Wort am richtigen Ort. Im privaten Bereich ist es sicher besser, wenn man sich in seinem angestammten Dialekt unterhält. In der Arbeit ist es oft schwierig, wenn einer nicht so richtig verstanden wird. Ehe ich im Krankenhaus jemandem lange etwas erkläre, rede ich lieber hochdeutsch. Im Schwäbischen geht halt der Fuß bis rauf zur Hüfte, das könnte gerade im Krankenhaus zu Missverständnissen führen.

4. Was ist Ihre persönliche Meinung und Erfahrung?

5. Finden Sie heraus, welcher Dialekt in der Gegend von Deutschland gesprochen wird, in der Sie gerade sind, und wer ihn wann, wo und mit wem im Gespräch benutzt. Vielleicht stoßen Sie dabei auch auf Mundart in der Literatur, in Liedern, Witzen etc.

Kölsch
– *Dialekt von Köln; Bier aus Köln*

That hät jät – englisch/kölsch:
– *Das hat was = Das hat etwas Besonderes*

1. Wortfamilie *Grenze:* Welche verwandten/abgeleiteten Wörter kennen Sie?

Verben	Adjektive	Substantive/Komposita
abgrenzen	*grenzenlos*	*Grenzkontrolle*

2. Assoziationen zum Stichwort *Grenze:*

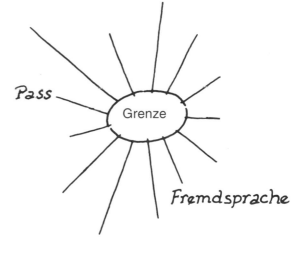

Pass — Grenze — *Fremdsprache*

Grenzen

Deutsche Grenzen

1. Von einigen deutschen Grenzen war in den letzten Jahren besonders viel zu lesen und zu hören. Warum? In welchen Zusammenhängen?

2. Sortieren Sie die folgenden Stichwörter in drei Gruppen. Was gehört zusammen? Mehrfachnennungen sind möglich.

1.	2.	3.

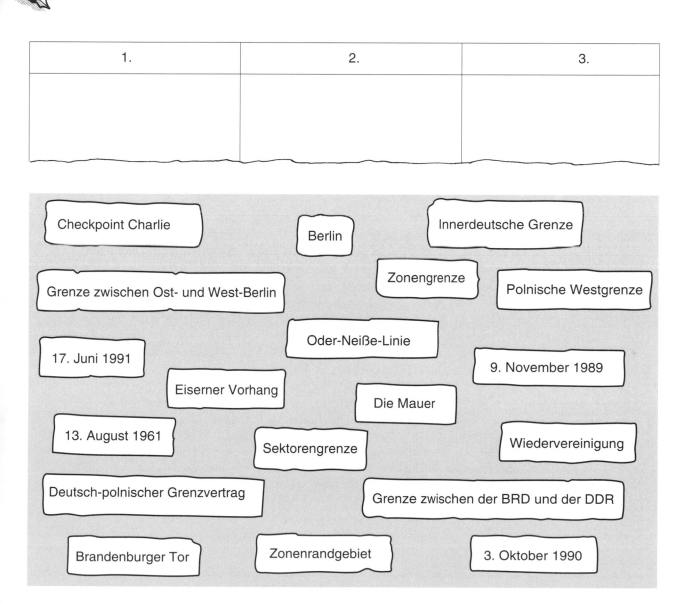

Checkpoint Charlie

Berlin

Innerdeutsche Grenze

Grenze zwischen Ost- und West-Berlin

Zonengrenze

Polnische Westgrenze

Oder-Neiße-Linie

17. Juni 1991

9. November 1989

Eiserner Vorhang

Die Mauer

13. August 1961

Sektorengrenze

Wiedervereinigung

Deutsch-polnischer Grenzvertrag

Grenze zwischen der BRD und der DDR

Brandenburger Tor

Zonenrandgebiet

3. Oktober 1990

3. Schon im Jahre 1987 hat der Schriftsteller Hans Magnus Enzensberger den Fall der Mauer vorweggenommen. Er lässt einen fiktiven amerikanischen Reporter im Jahre 2006 Berlin so erleben:

Timothy Taylor
(The New New Yorker, 21. Februar 2006)

Berlin

Viel ist nicht übriggeblieben vom kaputten Reiz dieser Stadt. Von der heroischen Dekadenz, die so vielen Filmen als Kulisse gedient hat, ist nichts mehr zu spüren. Die Maulwürfe der Kultur, die einst im Schutt der Geschichte nach alten und neuen Mythen gewühlt haben, sind schon vor Jahren abgewandert. Mit der Exterritorialität ist auch der Ludergeruch der Stadt verschwunden.
5 Lust und Schrecken sind der Normalität gewichen, die hier wie überall, wo die Zeit für sie arbeitet, alles besiegt. Die vier Männer im Jeep, die mit ihren weißen Helmen nach wie vor über den Marx-Engels-Platz und um die Gedächtniskirche kurven, sind nur noch ein Zitat, eine folkloristische Erinnerung an die Zeit der Okkupation und des Vier-Mächte-Status. Niemand dreht sich nach ihnen um; nur den japanischen Touristen sind sie noch ein Foto wert. [...]
10 Flankiert von den beiden Experten überquerte ich die Grenze, einen weißen Strich auf dem Pflaster. Der ehemalige Todesstreifen war tatsächlich auf beiden Seiten eingezäunt, und während wir, seinen Zickzacklinien folgend, weiterstiefelten, Richtung Potsdamer Platz und Brandenburger Tor, sah ich durch das Drahtgitter die Reste der alten Grenzanlagen, Scheinwerfer, Gräben, und hie und da einen jener bröckelnden Wachtürme, die jedem, der sie sieht, eine Gänsehaut über den
15 Rücken jagen, so sehr erinnern sie an die Konzentrationslager der vierziger Jahre. Und dahinter war die Mauer. Sie war immer noch da, wenn sie auch da und dort [...] Lücken aufwies.

Maulwürfe	Ludergeruch
– *kleine Tiere, die auf Wiesen Erdhügel aufwerfen*	– *der Geruch von verwahrlostem, leichtsinnigem Leben*
Schutt	Todesstreifen
– *(Kriegs-)Trümmer; Abfall*	– *das Stück Land auf der Ostseite der Mauer, auf dem scharf geschossen wurde auf Flüchtende*

Professor Sturz reichte mir seinen Feldstecher, und ich erkannte, daß ein längeres Stück der Mauer unter einem hölzernen Schutzgang verschwand, einer nagelneuen, mit Dachpappe abgedeckten Verschalung, wie man sie bei Bauarbeiten anzulegen pflegt.

20 „Ist das nicht großartig?" zwitscherte Frau Dr. Ohlmeyer. „Ein einzigartiges Biotop! Wo sonst gibt es eine solche Vegetation mitten im Zentrum einer Metropole?"

Ich sah nur mannshohe Brennesseln, Ginster, Lupinen auf dem eingezäunten Gelände, das sich nun verbreiterte.

„Hier gibt es Wildkaninchen", fuhr meine Begleiterin fort, „Igel, Beutelratten, sogar Blindschlei-
25 chen! Und was die Insekten betrifft, wir haben schon sechs verschiedene Schlupfwespenarten gezählt. Wir hoffen, daß sich mit der Zeit in den Türmen Nachtvögel und Fledermäuse ansiedeln."

„Aber die Mauer", sagte ich. „Warum hat man sie nicht abgerissen? Was sind das für hölzerne Schutzbauten? Das sieht ja ganz so aus …"

„Das ist es ja, Mr. Taylor! Diese Eingriffe sind ein Hohn auf unsere Bemühungen! Und dabei ist
30 das ganze Gelände als Naturschutzgebiet ausgewiesen! Das sind die Quertreibereien der Denkmalspfleger. Sie behaupten, die Mauer müsse konserviert werden, man dürfe sie nicht dem Vergessen preisgeben, sie sei historisch wertvoll." […]

Timothy Taylor im Gespräch mit seinem britischen Kollegen:

„Diese deutsch-deutsche Harmonie ist doch eine Fiktion. Einmal abgesehen von deinem Professor und seiner Freundin, die vermutlich auch nichts weiter verbindet als ihre *idée fixe*: Tatsache ist,
35 daß die Deutschen einander nicht ausstehen können. Ossies und Wessies – das ist wie Hund und Katze!"

„Ich dachte, sie hätten sich zusammengerauft."

„Offiziell schon. Aber wenn du ihre Deklarationen beim Wort nimmst, gerätst du sofort in ein Unterholz von Komplexen, Rivalitäten und Ressentiments. Es ist doch bezeichnend, daß die Zahl
40 der deutsch-deutschen Heiraten, der Mischehen, wenn man es so nennen kann, minimal geblieben ist. Oder nimm den Fußball. Ohne massiven Polizeischutz gäbe es beim Endspiel DDR-Bundesrepublik jedesmal Mord und Totschlag. Ganz zu schweigen von den politischen Apparaten. Ich rede wohlgemerkt von den politischen Parteien gleicher Couleur hüben und drüben. Die sind sich spinnefeind.
45 Wenn ich meine jungen Freunde hier über die jeweils andere Seite reden höre – ich sage Dir, die sind geradezu von Ekel geschüttelt! Der Wessie schwört auf sein Lufthansa-Weltbürgertum. Dafür ist der Ossie moralisch allemal der Größte, so als wäre er automatisch immun

Feldstecher	Quertreibereien
– Fernglas	*– Intrigen*
Verschalung	preisgeben
– Verkleidung mit Holz	*– ausliefern; nicht mehr schützen*
Biotop	idée fixe
– Lebensraum von Tier- und Pflanzenarten in einer	*– franz.: Wahnvorstellung*
ursprünglichen, von Menschen unmanipulierten	sich zusammenraufen
Form	*– durch Auseinandersetzungen miteinander einig*
Hohn	*werden*
– scharfer, böser Spott	

gegen alles, was Dekadenz heißt, Korruption oder Zynismus.
50 Mit einem Wort: jeder der beiden fühlt sich über den anderen
weit erhaben."

„Und die berühmte Wiedervereinigung?"

„Außer Kaffee und Kuchen nichts gewesen. Ja, mein Lieber,
wir haben alle jahrzehntelang den falschen Baum angebellt.
55 Erinnerst du dich noch an die neunziger Jahre, wie damals
die nackte Angst vor den Deutschen umging, besonders natürlich bei den Franzosen, aber auch in England erhoben sich
besorgte Stimmen; von den Polen ganz zu schweigen, die
sahen schon den Dritten Weltkrieg kommen. Und was ist
60 passiert? Gar nichts. Inzwischen wurde der deutsche Popanz
ganz still und leise aus dem Verkehr gezogen. Wir sind darauf
hereingefallen, weil wir von der deutschen Geschichte keine
Ahnung hatten."

„Moment! Gerade die deutsche Geschichte war es doch, die
65 uns nervös gemacht hat. Dazu hatten wir auch allen Grund."

„Gewiß. Aber wir haben nicht begriffen, daß die deutsche
Einheit nur eine Episode war. Sie hat keine hundert Jahre ge-
dauert, und was hat sie, von Bismarck bis Hitler, den
Deutschen eingebracht? Eine Bauchlandung nach der andern.
70 Sie haben sich an ihre Vergangenheit erinnert: ein
Jahrtausend Flickschusterei. Am liebsten hätten sie ihre
provinziellen Könige und Fürsten wieder. Die Kleinstaaterei
ist die wahre Heimat aller Deutschen! Übrigens gilt das nicht
nur für Deutschland. Im Grunde handelt es sich um ein
75 europäisches Phänomen [...]."

Popanz
– *Schreckgespenst*
Flickschuster
– *Schuster, der nur Reparaturen
macht*

4. Vergleichen Sie Enzensbergers Zukunftsvisionen mit der derzeitigen politischen Realität.
 Was ist eingetroffen, was ist unterschiedlich verlaufen?

Einige Themen des Kapitels *Raum* tauchen in Enzensbergers Text wieder auf. Um welche Themen
handelt es sich und in welchen Kontext werden sie gerückt?

S. **15** Ü **1** Die Originalüberschrift in der Anthologie lautet: *Der Duden ist dein Malkasten.*

S. **28** Ü **2** *Kaffeefahrt:* Unterschicht – Mittelschicht, 60 Jahre und älter, m + w
umhäkelte Klopapierrolle: Unterschicht – Mittelschicht, ab 35 Jahren, w
Kiefernmöbel: Mittelschicht, 36 – 60 Jahre, m + w
Fischstäbchen: Unterschicht – Mittelschicht, 10 – 35 Jahre (vor allem Kinder), m + w
Kur: alle Schichten, ab 40 Jahren, m + w

S. **29** Ü**3** 1. Der Alternative: *liest Bildzeitung* passt nicht.
2. Die rüstige Rentnerin: *PC neben dem Sofa* passt nicht.
3. Der Bildungsbürger: *Ist Kassierer im Kleintierzüchterverein* passt nicht.
4. Der deutsche Yuppie: *umhäkelte Klopapierrolle im Auto* passt nicht.
5. Die Alleinerziehende: *Mitglied im Golfclub* passt nicht.
6. Die Jurastudentin: *Dürers Bild „Betende Hände" an der Wand* passt nicht.

S. **32** Ü *Bild 1:* Deutsche Familie; *Bild 2:* Amerikanische Kinder; *Bild 3:* Deutscher in Amerika;
Bild 4: Amerikanerin; *Bild 5:* Deutsche Kinder; *Bild 6:* Deutsche; *Bild 7:* Amerikaner/innen

S. **40** Ü **2** 1. schwierige Wörter; 2. Familiensinn; 3. Respekt; 4. Schimpfwörter; 5. Teamgeist;
6. Komplimente; 7. Lebenseinstellung

S. **56** Ü **4** 1. – 5. aus Artikel von S.**47**; 6. siezen, außer Lehrer und Schüler haben sich das Du
angeboten; 7. wie 6; 8. siezen; 9. duzen, 10. siezen (bis auf wenige Ausnahmen);
11. duzen; 12. duzen; 13. siezen (mit Ausnahme von Freunden); 14. duzen; 15. duzen

S. **58** Ü **2** antiquiert, romantisch = Verlobter
anzüglich = Geliebter
unverbindlich, distanziert = Bekannter
pathetisch, gestelzt = Lebensgefährte
Jugendsprache = Freund
intim, Kosewort = Süßer
Witz = Chauffeur

S. **60** Ü **1b** Im Original: 1. *ach Schnuckel* 2. *ich nix Schnuckel*
3. *Bist du sauer Hasilein?* 4. *Ich bin auch kein saures Hasilein*
5. *komm sei lieb Dickerchen* 6. *Ich – ein Dickerchen?!*
7. *Aber Honigherz*

S. **74** Ü **5** *„Vater Staat"*
– Amt für öffentliche Ordnung
– Hochbauamt
– Stadtmessungsamt
– Bauverwaltungsamt
– Stadtplanungsamt
– Tiefbauamt
– Steueramt
– Amt für Wirtschaftsförderung
– Referat für Öffentlichkeitsarbeit
– Rechtsamt
– Schul-, Kultur- und Sportamt
– Stadtarchiv
– Einwohnermeldeamt
– Pässe, Personalausweise
– Ausländische Mitbürger

„Mutter Staat"
– Sozialamt
– Ortsbehörde für Arbeiter- u. Angestelltenversicherung
– Referat für Öffentlichkeitsarbeit
– Rechtsamt
– Schul-, Kultur- und Sportamt
– Stadtarchiv
– Fundstelle

S. **82** Ü **5** die Zeit der Aktion, die räumlichen Dimensionen, die Herstellung der Ordnung nach der
Aktion, Haftbarkeit, Kosten, Rechtslage

S. **84** Ü **8** Das Märchen *Hänsel und Gretel*

S. **87** Ü **2** 1. Sportverein; 2. Kegelclub; 3. Gewerkschaft; 4. Kirchlicher Verein; 5. Automobilclub

Lösungen

S. 88 Ü 3 1d, 2c, 3f, 4b, 5g, 6a, 7e

S. 94 Ü   Grenze ↔

Zentrum	↔	Peripherie, Rand
Nähe	↔	Ferne, Entfernung, Distanz
Einheimische	↔	Flüchtlinge, Zugezogene, Fremde
außen	↔	innen
Weite	↔	Enge
mobil	↔	sesshaft
diesseits	↔	jenseits
gegenüber	↔	nebenan
Heimat	↔	Ausland, Exil, Fremde
hoch	↔	tief
Höhe	↔	Tiefe
offen	↔	geschlossen
rauf	↔	runter
hüben	↔	drüben
Inland	↔	Ausland
Norden	↔	Süden
Osten	↔	Westen
Provinz	↔	Metropole
hin	↔	her
Weg	↔	Ort
Entfernung	↔	Nähe
Distanz	↔	Nähe

S. 95 Ü 1 1f, 2h, 3k, 4a, 5l, 6j, 7n, 8b, 9g, 10m, 11c, 12e, 13o, 14d, 15i

S. 107 Ü 1 Dorf

S. 113 Ü 1 *Bild 1:* Schnörkel, Verzierung, prachtvoll; *Bild 5:* modern, nüchtern, schlicht

S. 114 Ü 6 *Vorschläge (fehlende Wörter im Original):* Fachwerk – Bankhaus – Bäume – Golfplätze – Spielplatz – Landschaftsschutz

S. 123 Ü 1

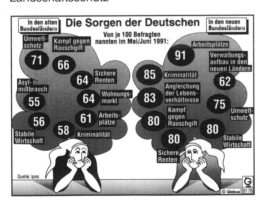

S. 137 Ü 2

1.	2.	3.
Berlin	Innerdeutsche	Polnische
Checkpoint Charlie	Grenze	Westgrenze
Grenze zwischen	Zonengrenze	Oder-Neiße-Linie
Ost- und West-Berlin	Zonenrandgebiet	Deutsch-polnischer
Die Mauer	Eiserner Vorhang	Grenzvertrag
13. August 1961	Grenze zwischen	17. Juni 1991
9. November 1989	der BRD und der DDR	
Sektorengrenze	Wiedervereinigung	
Brandenburger Tor	3. Oktober 1990	
Eiserner Vorhang		
Wiedervereinigung		
3. Oktober 1990		

Quellenverzeichnis

12 Poster: Graphicteam, Köln, im Auftrag von Inter Nationes, Bonn
Foto: dpa - Deutsche Presse Agentur / Hoffmann
Geldcollage: Mit freundlicher Genehmigung von Condor/ Lufthansa.

15 Text: Julie Redner, „Der Duden ist dein Malkasten", aus: Irmgard Ackermann (Hg.): In zwei Sprachen leben. Berichte, Erzählungen, Gedichte von Ausländern, dtv 10189, München 1983

16 Fotos: Barbara Stenzel, München
Text: Mit freundlicher Genehmigung von Hamburg Pur und OK Radio, Hamburg.
Anzeige: Mit freundlicher Genehmigung des Bundesverbands, e.V. der Arbeiterwohlfahrt.

18 Buchumschlag: Alfred Probst, Amideutsch: Ein kritisch-polemisches Wörterbuch der anglo-deutschen Sprache, Fischer Taschenbuch Verlag, Frankfurt/Main, 1988

19 Text „Auf den wings der fantasy": aus: Der Spiegel, 19/1990, S.278

20 Text: Sybil Gräfin Schönfeldt, „Da verschlägt's einem die eigene Sprache", aus: Zeit-Magazin, 2.6.1989

21 Karte: Birth and Baptismal Record for Elisa Adam, 1833, Lancaster County, Pennsylvania, The Mount Pleasant Artist, aus: American Folk Art Postcard Book, (c) 1986 by Running Press Book Publishers

22 Text: Gerd-Eckard Zehm, „Neues Interesse an der ‚schrecklichen Sprache'", dpa - Deutsche Presse Agentur

25 Zitat: aus: Jürgen Habermas, Eine Art Schadensabwicklung, es 1453, (c) Suhrkamp Verlag, Frankfurt/Main, 1987, S.140

27 Cartoon: Victoria Roberts, „Little Women", aus: MS.Magazine, May 1988, p.96

28 Foto: Heinke Behal-Thomsen und Barbara Stenzel

31 Bild: Johannes Grützke, Hamburg
Text: Jo Pestum, Billerbeck
aus: Michael und Paul Maar (Hg.), Bild und Text, Literarische Texte im Unterricht, Goethe Institut, München 1988, S.68

32 Fotos (1-5,7): Mit freundlicher Genehmigung der AutorInnen.
Foto (6): Barbara Stenzel, München

33 Text: Sybil Gräfin Schönfeldt, 1x1 des guten Tons. Das neue Benimmbuch, (c) 1987 Mosaik Verlag, München

34 Cartoon: Jutta Bauer „Tischgespräche", aus: Brigitte 4/90, S.87

36 Foto (Wurst Place): Margot Granitsas, Accord, N.Y.
Foto (Schleswig): Jochen Reppmann, Kiel
Fotos (Lehrs, University of Wisconsin): Barbara Stenzel, München
Aufkleber: Deutsche Welle, Köln

37 Text: aus: Wolfgang Koeppen, Amerikafahrt, (c) Suhrkamp Verlag, Frankfurt/Main 1982, S.129

38 Text: aus: Jürgen Theobaldy, Zweiter Klasse, Gedichte, Rotbuch Verlag Berlin 1976, S.9. Mit freundlicher Genehmigung des Autors.

39-40 Text: aus: Oskar's, Das Deutsch Amerikanische Austausch Magazin, Nr.1, 1990, Gruner & Jahr

42 Fotos und Zeugnisse: Mit freundlicher Genehmigung von Angelika Lundquist-Mog.
Buchumschlag: Dr. Heinrich Hoffmann, Der Struwwelpeter, Frankfurter Originalausgabe. Mit freundlicher Genehmigung des J.F.Schreiber Verlages, „Eßlinger", Postfach 285, 7300 Esslingen.

45 Wörterbuchauszug (links): aus: Gerhard Wahrig, Deutsches Wörterbuch, Mosaik Verlag, München 1980
Wörterbuchauszug (rechts): aus: Duden: Etymologie (Band 7), Bibliographisches Institut, Mannheim 1963

46 Text „Bahn auf privater Schiene": AP - The Associated Press
Text „Aufbau-Verlag wurde privatisiert": dpa – Deutsche Presse Agentur
Prospekt: Mit freundlicher Genehmigung der Postbank.
Überschriften: Mit freundlicher Genehmigung des Schwäbischen Tagblatts.

47 Foto (links oben): Barbara Stenzel, München
Foto (rechts unten): P. Rainer Mozer, aus: Schwäbisches Tagblatt, 2.12.1988
Texte: Mit freundlicher Genehmigung des Schwäbischen Tagblatts.

48 Wörterbuchauszug (links): aus: Gerhard Wahrig, Deutsches Wörterbuch, Mosaik Verlag, München 1980

Wörterbuchauszug (rechts): aus: Duden: Etymologie (Band 7), Bibliographisches Institut, Mannheim 1963
Foto: Barbara Stenzel, München

50 Anzeige: Mit freundlicher Genehmigung von Wüstenrot.

51 Text: aus: SÜDWEST PRESSE Ulm, 15.2.82

52 Schaubild: aus: Spiegel Spezial 1/1991, S.53

54 Text: Maxie Wander, Leben wär' eine prima Alternative. Tagebuchaufzeichnungen und Briefe, Hg. von Fred Wander, Luchterhand, Darmstadt 1980, S.155 f. Mit freundlicher Genehmigung des Morgenbuch Verlags.

55 Interviews: aus: IWZ-Illustrierte Wochenzeitung, 33, 1981
Karikatur: Manfred Bofinger, Berlin

57 Text: Matthias Röder „Noch darf man den Chef nicht duzen", dpa-Deutsche Presse Agentur

58 Text: Dagmar Deckstein „Geliebter verlobter bekannter Freund", aus: Stuttgarter Zeitung, 16.4.1988. Mit freundlicher Genehmigung der Autorin.

60 Cartoon: aus: Eva Heller, Küß mich, ich bin eine verzauberte Geschirrspülmaschine!, Lappan Verlag, Postfach 3407, 2900 Oldenburg, 1984.
Mit freundlicher Genehmigung von Eva Heller.

61 Interviews: aus: IWZ-Illustrierte Wochenzeitung, 21, 1988

63 Text: aus: Martin Walser, Die Amerikareise, Suhrkamp Verlag, Frankfurt/Main, S.41

64 Wörterbuchauszug: aus: Gerhard Wahrig, Deutsches Wörterbuch, Mosaik Verlag, München 1980
Buchumschlag: Waltraut Pröve, Rosen, Tulpen, Nelken... Beliebte Verse fürs Poesiealbum, Falken Verlag, 6272 Niedernhausen, Ts.
Poesiealbum: Mit freundlicher Genehmigung von Markus Olivieri

66 Text: aus: Walter Kempowski, Uns geht's ja noch gold, (c)1980 Albrecht Knaus Verlag GmbH, München

67 Foto: Angelika Lundquist-Mog

68 Interview: IWZ Illustrierte Wochenzeitung, 18, 1989
Foto: Wolf-Dieter Nill, Tübingen

69-70 Text: aus: Uni-Report, Nr.5, 1987. Mit freundlicher Genehmigung von Bernd Gasch.
Cartoon: aus: Eva Heller, Küß mich, ich bin eine verzauberte Geschirrspülmaschine!, Lappan Verlag, Postfach 3407, 2900 Oldenburg, 1984.
Mit freundlicher Genehmigung von Eva Heller.

71 Statistik: adaptiert nach: The Economist, London, Dec.30, 1978
Schaubild: aus: ZAHLENBILDER, Nr.535210, Erich Schmidt Verlag, Berlin
Text „Bundestag erleichtert Privatisierung": dpa-Deutsche Presse Agentur

73 Anzeige: Mit freundlicher Genehmigung vom Verband der Lebensversicherer.
Cartoon: Hanel, aus: Kölner Stadt-Anzeiger

74 Foto: Angelika Lundquist-Mog

75 Foto: Ullstein, Berlin
Zitat aus: Karl Marx, Die Lage in Preußen, MEW Band 12, Berlin 1961, S.616

76/77 Text: aus: Klaus Koziol, Badener und Württemberger, Zwei ungleiche Brüder, Konrad Theiss Verlag, Stuttgart, 1987, S.53/54

78 Interview: IWZ-Illustrierte Wochenzeitung, 28, 1988

79 Formular: Mit freundlicher Genehmigung von Behördenvordruck, Radolfzell.
Text: aus: Behördenwegweiser, Hg. Staatsministerium Baden-Württemberg, 9/1986, S.26f.

80 Text: aus: Reiner Kunze, Die wunderbaren Jahre, (c) S.Fischer Verlag GmbH, Frankfurt am Main, 1976

82 Brief: Mit freundlicher Genehmigung des Bürgermeisteramts der Stadt Tübingen.

83 Text: Otto Köhler jr., aus: Rudolf Otto Wiemer (Hg.), Bundesdeutsch, Peter Hammer Verlag, Wuppertal 1974, S.50

84 Text: Marcel Valmy, ‚Hänsel und Gretel auf Amtsdeutsch', SÜDWEST PRESSE Ulm

85 Schaubilder: Globus Kartendienst, Nr.4074 und Nr.8391

86 Schaubild mit Text: Globus Kartendienst, Nr.8943

87 Lexikonauszug (Bürgerinitiative): aus: Meyers Großes Handlexikon A-Z, 15.Aufl., Meyers Lexikonverlag, Mannheim 1989
Lexikonauszug „Verband", „Verein": aus: Herders Neues Handlexikon A-Z, Herder Verlag, Freiburg, 1986
Schaubild: B.A.T. Freizeit-Forschungsinstitut, Hamburg, 1988

88 Text: „Vereinsarten" aus: E. Forster, So führe ich einen Verein, Econ Verlag, Düsseldorf, 1987, S.10/11

88/89 Kleinanzeigen aus: Trierischer Volksfreund 27./28.4.91 und SÜDWEST PRESSE Ulm, 3.5.88

89 Einladung: Mit freundlicher Genehmigung des Vorstands „Gesangsverein 1856 Ofterdingen".
Foto: Mit freundlicher Genehmigung von Frau Heuberger.

91 Interview: IWZ-Illustrierte Wochenzeitung, 36, 1991

94 Cartoon: Freimut Wössner, aus: Alles Banane, Ausstellung im Verlag Gruner & Jahr, 2000 Hamburg 11, Katalog: Rotbuch Verlag, Berlin
Text: Wolfgang Fietkau „standpunkt", aus: Rudolf Otto Wiemer (Hg.), Bundesdeutsch, Peter Hammer Verlag, Wuppertal 1974, S.86. Mit freundlicher Genehmigung von Wolfgang Fietkau.

95 Text: W. Butzkamm , aus: Van Eunen et al., Lesespaß, Langenscheidt 1989. Mit freundlicher Genehmigung von Wolfgang Butzkamm.

98 Liste: aus: Gerhard Köbler, Historisches Lexikon der deutschen Länder, Beck Verlag, München 1988, XIII
Karte: aus: Karl und Arnold Weller, Württembergische Geschichte im südwestdeutschen Raum, Konrad Theiss Verlag, Stuttgart & Aalen 1972

99 Karte: aus: Paul Sauer, Baden-Württemberg, Bundesland mit parlamentarischen Traditionen, Stuttgart 1982.
Mit freundlicher Genehmigung des Landtagsarchivs Baden-Württembergs und des Stadtarchivs Stuttgart.

100 Karikatur: Archiv Gerstenberg
Text: aus: „Württembergische Wanderordnung" in: Wanderbuch des Tobias Merk (Lehre von 1834 bis 1838), StARV 2353a

101 Überschrift: aus: SÜDWEST PRESSE Ulm, 14.10.81

102 Text: aus: Wolfgang Bächler, Ausbrechen, (c) S.Fischer Verlag GmbH, Frankfurt am Main 1976

103 Zitat: aus: Helmut J. Schneider, Idyllen der Deutschen, Insel Taschenbuch, Frankfurt/Main 1978, S.370

104 Bild: Carl Spitzweg, Fink-Kunstkarte Nr.2692, Emil Fink Verlag, Stuttgart

106 Text: aus: SÜDWEST PRESSE Ulm, 21.9.1990
Schaubild: Globus Kartendienst, Nr.8920
Foto: Karl Kallabis, aus: Die Zeit, 9.3.90

107 Text: Ludwig Fels, Versuch über das Land, (c) R. Piper GmbH & Co. KG, München

108 Collage: aus: Scala Nr. 3 (Mai/Juni 1989, S.5, von: Deutsche Zentrale für Tourismus (DZT), Beethovenstr. 69, 6000 Frankfurt

109/110 Text: Heimar Oltmanns, Am Strand von Tunix, aus: Du hast keine Chance, aber nutze sie. Eine Jugend steigt aus, Rowohlt Verlag, Reinbek bei Hamburg, 1980, S.167f.

111 Schaubild: aus: U. Conrads, Architektur - Spielraum für Leben, Bertelsmann, München 1973, S.98. Mit freundlicher Genehmigung von Ulrich Conrads und Josef Lehmbrock.
Text: Kurt Tucholsky, Das Ideal (1.Strophe), aus: Gesammelte Werke, (c) 1960 by Rowohlt Verlag GmbH, Reinbek

112 Behinderten-Stadtplan: Mit freundlicher Genehmigung des Sozialamts der Stadt Tübingen.
Buchumschlag: Dieter Gräbner, Frankfurt mit Kindern, Reise- und Freizeitführer für Eltern, Rasch und Röhring, Hamburg 1987
Senioren-Ratgeber: Mit freundlicher Genehmigung des Senats der Stadt Rendsburg.

113 Cartoon: Marie Marcks, aus: O glücklich, wer noch hoffen kann, aus diesem Meer des Irrtums aufzutauchen. Karikaturen, dtv 10737, München 1987. Mit freundlicher Genehmigung von Marie Marcks.

114 Texte: Burckhardt Garbe, Göttingen

115-117 Text: Franz Hessel, aus: Karin Grund / Bernd Witte (Hg.), Ermunterung zum Genuß, Brinkmann & Bose, Berlin 1981

116 Bild: August Macke, Städtische Galerie im Lenbachhaus, München

118 Foto (oben und S.119 unten): Barbara Stenzel, München
Foto (Mitte): Ullstein, Berlin
Lexikonauszug: aus: Meyers Enzyklopädisches Lexikon Band 24, Bibliographisches Institut, Mannheim 1979
Überschrift: aus: Schwäbisches Tagblatt 30.9.89

119 Foto: Angelika Lundquist-Mog
Text: „Wandern ist der deutschen Lust", AP-Associated Press
Lied: Text: W. Müller, 1821, Melodie: C. Zöllner (1792-18), aus: Ernst Klusen, Volkslieder aus 500 Jahren, Fischer, Frankfurt am Main, 1978, S.107

Buchumschlag: Deutscher Wanderverlag Dr.Mai & Schnabel & Co., Stuttgart

120 Überschrift: aus: SÜDWEST PRESSE Ulm 6.5.88

121 Bild: Max Peintner, aus: Brigitte Wormbs, Über den Umgang mit Natur. Landschaft zwischen Illusion und Ideal, Hanser Verlag, München 1976

122 Text: R.Düesberg, aus: Waldungen. Die Deutschen und ihr Wald. Ausstellungskatalog, Akademie der Künste Berlin 1987, S.233
Text (unten): aus: Elias Canetti, Masse und Macht, Claassen Verlag, Hamburg 1960, S.195
Foto: Barbara Stenzel, München

123 Text 1: Anzeige der SPD im Europäischen Parlament, aus: Zeit-Magazin 7.4.1989. Mit freundlicher Genehmigung der EG-SPD.
Text 2: Geleitwort zu: „Künstlerspende für den deutschen Wald, Dresden im August 1924", aus: Waldungen. Die Deutschen und ihr Wald. Ausstellungskatalog, Akademie der Künste, Berlin 1987, S.291

124 Foto/Text: aus: Schwäbisches Tagblatt 18.12.1989; Foto: Grohe

125 Anzeige: B.U.N.D., Rotebühlstr. 86/1, 7000 Stuttgart 1
Sticker: Freudenstädter Aktionseinheit, Postfach 570, 7290 Freudenstadt
Sticker: Greenpeace Umweltschutzverlag, Hamburg
Foto: Heinke Behal-Thomsen

126 Interview: IWZ-Illustrierte Wochenzeitung

127 Text 1: Hans Georg Frank, aus: SÜDWEST PRESSE Ulm, 31.12.87
Cartoon: Franziska Becker, aus Bilderzyklus „Reitz-Ende Heimat", aus: Mein feministischer Alltag 3, dtv 88.
Mit freundlicher Genehmigung von Franziska Becker.
Text 2: Carl Jacob Burckhardt, aus : Heimat, Ansprache anläßlich der Verleihung des Friedenspreises des deutschen Buchhandels, 1954, aus: Betrachtungen und Berichte, Manesse Verlag, Zürich, 1964
Text 3: Siegfried Lenz, aus: Heimatmuseum, (c) Hoffmann und Campe Verlag, Hamburg 1978

128 Interview: IWZ-Illustrierte Wochenzeitung
Cartoon: aus:Eva Heller, Küß mich, ich bin eine verzauberte Geschirrspülmaschine!, Lappan Verlag, Postfach 3407, 2900 Oldenburg, 1984. Mit freundlicher Genehmigung von Eva Heller.
Text 1: Martin Walser, aus: Heimatkunde. es 269. (c) Suhrkamp Verlag Frankfurt/Main 1968, S.80
Überschrift: aus: Süddeutsche Zeitung 19.4.1989
Text 2: Siegfried Lenz, aus: Heimatmuseum, (c) Hoffmann und Campe Verlag, Hamburg 1978

129 Text: Ingeborg Drewitz, Synonyme für meine Heimat, aus: Wirtschaftsverlag NW, Die Horen 24/1979, S.23.
Mit freundlicher Genehmigung von Bernhard Drewitz.

130 Anzeige 1: Schleswig-Holstein-Werbung, Postfach 2640, 2300 Kiel 1
Anzeige 2: Mit freundlicher Genehmigung des Werbeamts der Stadt Hagen.
Anzeige 3: Mit freundlicher Genehmigung des Presse- und Informationsamts, Land Brandenburg.

131 Schaubild 1: Capital-Führungskräfte-Panel
Schaubild 2: Globus Kartendienst, Nr.8958

132 Interview: aus: Brigitte 21/87, S.242ff.
Anzeige: Mit freundlicher Genehmigung der Nord/LB.

134 Karte (oben): Kleine Enzyklopädie: Die deutsche Sprache, Bd.1, 1972.
Mit freundlicher Genehmigung von Bibliographisches Institut & F.A. Brockhaus AG, Mannheim.

135 Interview: IWZ-Illustrierte Wochenzeitung, 36, 1986
Foto: Sabine Wenkums, München

136 Foto (links oben): Ullstein - Jürgen Ritter
Foto (links unten): Barbara Stenzel, München
Foto (rechts unten): Ullstein - Fritz Rust

138 Foto (links): Ullstein - Manfred Klöckner
Foto (rechts): Barbara Stenzel, München

138-140 Text: Hans-Magnus Enzensberger, aus: Ach Europa! Wahrnehmung aus sieben Ländern. Mit einem Epilog aus dem Jahre 2006, (c) Suhrkamp Verlag, Frankfurt/Main 1987, S.465ff.